Dr. Klaus Ringhand, Ingo Patett

Entwickeln und Bereitstellen von Anwendungssystemen für IT-Berufe

Arbeitsheft

2. Auflage

Bestellnummer 5392

westermann

Die in diesem Produkt gemachten Angaben zu Unternehmen (Namen, Internet- und E-Mail-Adressen, Handelsregistereintragungen, Bankverbindungen, Steuer-, Telefon- und Faxnummern und alle weiteren Angaben) sind i. d. R. fiktiv, d. h., sie stehen in keinem Zusammenhang mit einem real existierenden Unternehmen in der dargestellten oder einer ähnlichen Form. Dies gilt auch für alle Kunden, Lieferanten und sonstigen Geschäftspartner der Unternehmen wie z. B. Kreditinstitute, Versicherungsunternehmen und andere Dienstleistungsunternehmen. Ausschließlich zum Zwecke der Authentizität werden die Namen real existierender Unternehmen und z. B. im Fall von Kreditinstituten auch deren IBANs und BICs verwendet.

Die in diesem Werk aufgeführten Internetadressen sind auf dem Stand zum Zeitpunkt der Drucklegung. Die ständige Aktualität der Adressen kann vonseiten des Verlages nicht gewährleistet werden. Darüber hinaus übernimmt der Verlag keine Verantwortung für die Inhalte dieser Seiten.

Druck: westermann druck GmbH, Braunschweig

service@westermann.de
www.westermann.de

Bildungshaus Schulbuchverlage Westermann Schroedel Diesterweg Schöningh Winklers GmbH, Postfach 33 20, 38023 Braunschweig

ISBN 978-3-8045-**5392**-7

westermann GRUPPE

Vorwort

Die Aufgaben 1 bis 10 beziehen sich auf die Inhalte der Kapitel 1 bis 10 des Lehrbuches „Entwicklung und Bereitstellung von Anwendungssystemen". Es werden offene und geschlossene Fragen (Multiple-Choice-Fragen/MC-Fragen) zur Überprüfung des Wissens angeboten.

Die Aufgabe aus Anhang 1 ist eine Komplexaufgabe zu mehreren Stoffgebieten des Lehrbuches und erfordert Teamarbeit über einen längeren Arbeitszeitraum. Im Anhang 2 sind Hinweise zur Vorbereitung und Bewertung einer Präsentation zusammengefasst.

Anhang 3 und 4 enthalten Tipps für die Projektdokumentation sowie Ausführungen zur Nutzung der Lernplattform Moodle in Verbindung mit den Multiple-Choice-Fragen im Arbeitsheft.

Inhaltsverzeichnis

Aufgabe 1: Das Unternehmen

1.1 Darstellung von Geschäftsprozessen mit Symbolen Ereignisgesteuerter Prozessketten (EPK)

Ordnen Sie den dargestellten EPK-Symbolen in der Übersicht die nachfolgenden Bedeutungen zu:

1 Alle folgenden Ereignisse/Funktionen müssen eintreten oder getätigt werden.
2 Ereignis, Auslöser
3 Funktion, Handlungsaktivität
4 Genau ein Ereignis/eine Funktion muss eintreten oder getätigt werden.
5 Hauptprozess in der Wertschöpfungskette
6 Informationsobjekt, Datei
7 Mindestens ein Ereignis/eine Funktion muss eintreten oder getätigt werden.
8 Organisationseinheit, ausführende Stelle
9 schriftliche Dokumente
10 Zuordnung zur Organisationseinheit, Informationsfluss

EKP-Symbol	Bedeutung	EKP-Symbol	Bedeutung
		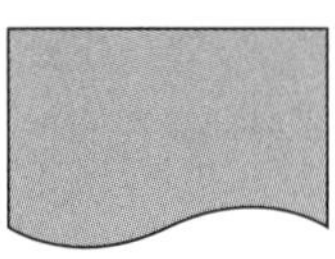	

		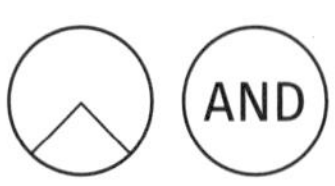	
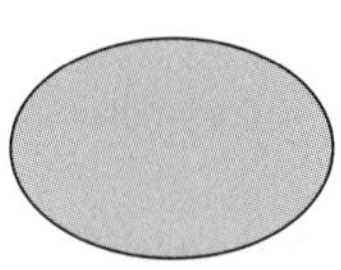		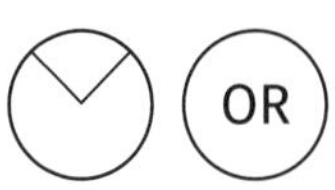	
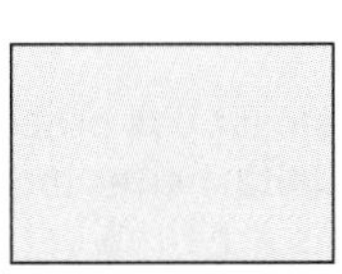		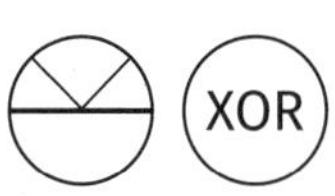	

1.2 EPK-Verknüpfungen

Entscheiden Sie, ob die folgenden Verknüpfungsmöglichkeiten von Ereignissen und Funktionen zulässig sind.

Verknüpfungsmöglichkeiten	zulässig (j/n)	Verknüpfungsmöglichkeiten	zulässig (j/n)
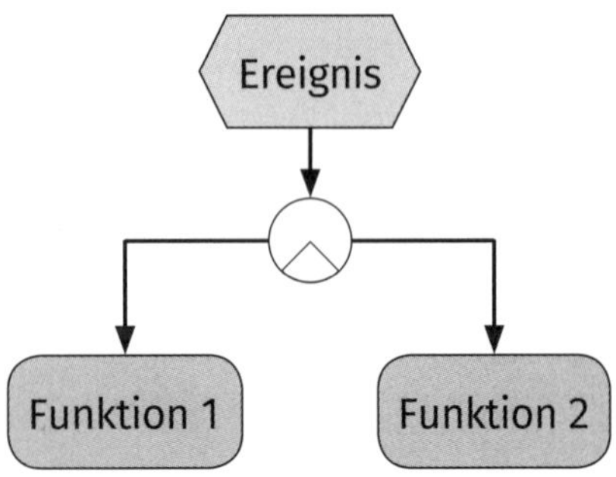		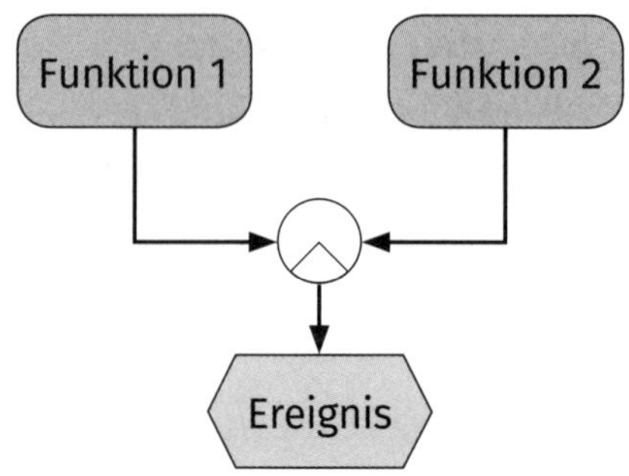	
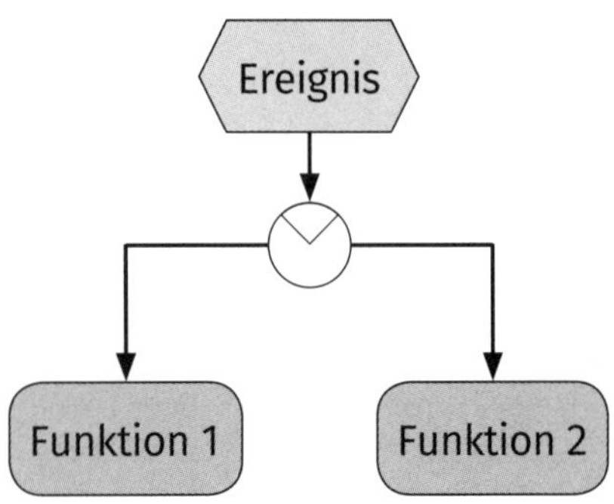		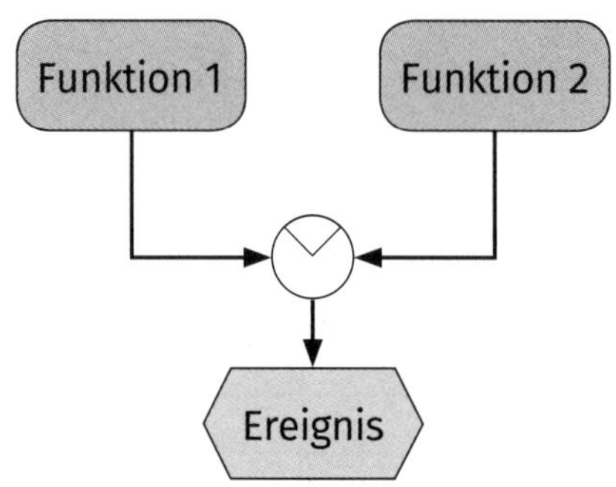	
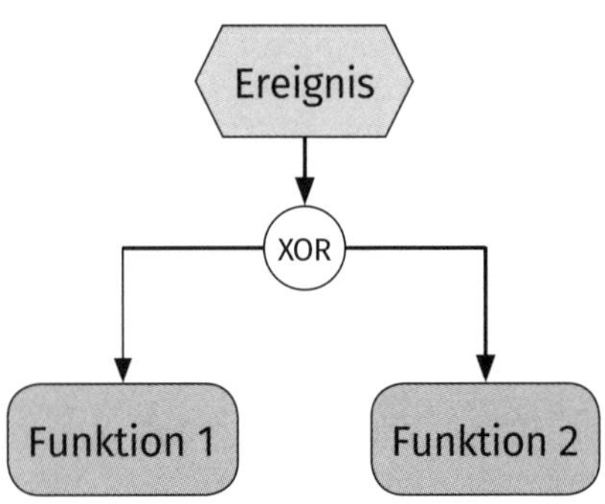		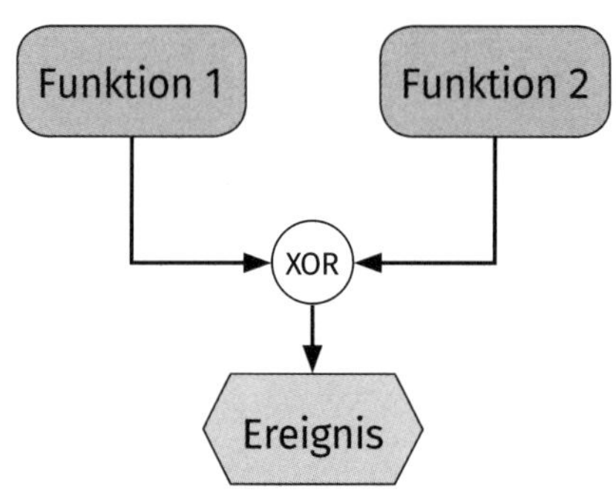	

1.3 EPK erstellen

Erstellen Sie zu der Beschreibung einer betrieblichen Situation (Geschäftsprozess **Kundenauftrag**) die Ereignisorientierte Prozesskette (EPK).

> Die Vertriebsleiterin Frau Horn stellt ihre Abteilung vor:
>
> „Betrachten wir die Arbeit in der **Vertriebsabteilung.** In dieser Abteilung, wie im ganzen Unternehmen, ist das prozessorientierte Denken von entscheidender Bedeutung. Für uns bedeutet das, jede Mitarbeiterin und jeder Mitarbeiter muss den gesamten Vertriebsprozess mithilfe unseres Softwaresystems abwickeln können. Prozessorientiertes Arbeiten setzt eine besondere Qualifikation des Personals voraus. Zuerst möchten wir uns mit einem **Kundenauftrag** beschäftigen, genau gesagt, mit dem Geschäftsprozess, in den der Kundenauftrag eingebunden ist.

Nachdem der Kundenauftrag über die Poststelle des Unternehmens eingegangen ist, wird er im Softwaresystem erfasst. Der Erfassung geht die **Prüfung** des Kundenauftrages voraus. Hier werden die Bonität des Kunden, die technische Machbarkeit des Auftrages und die kaufmännische Rentabilität überprüft. Nach der Freigabe des Auftrages kann jede Sachbearbeiterin und jeder Sachbearbeiter unserer Abteilung diesen erfassten Kundenauftrag weiter bearbeiten. Sollte dem Kundenauftrag eine Anfrage oder ein Angebot vorausgegangen sein, müssen diese Aktivitäten zuerst im Softwaresystem gesucht werden. Darüber informiere ich Sie aber erst später.

Sie müssen an dieser Stelle wissen, dass die Begriffe, die im Softwaresystem verwendet werden, nicht immer mit den Begriffen aus den Schulbüchern übereinstimmen. So wird der Kundenauftrag, zumindest was wir darunter verstehen, im unserem Softwaresystem als **Terminauftrag** bezeichnet.

Bei der Erfassung eines Terminauftrags müssen folgende Daten eingegeben werden:

- Kundennummer
- Lieferanschrift, falls sie von der Kundenanschrift abweicht
- Wunschliefertermin des Kunden (Deshalb nennen wir diesen Auftrag auch Terminauftrag.)
- aktuelle Konditionen, also die ausgehandelten Preise, Rabatte, Zahlungs- und Lieferbedingungen

Von großer Bedeutung für die Auftragsbearbeitung ist neben den **Konditionen** das **Wunschlieferdatum** des Kunden. Das Softwaresystem prüft automatisch, ob dieses Lieferdatum einzuhalten ist. Wenn die Ware nicht beschafft werden kann und auch keine Lagerbestände vorhanden sind, schreiben wir dem Kunden, dass der Auftrag nicht beliefert werden kann. Wir nehmen dann den Auftrag aus dem Softwaresystem, damit er keine weitere Berücksichtigung findet.

Wenn eine Lieferung möglich ist, legen wir im Softwaresystem im nächsten Schritt nach der Auftragserfassung einen **Auslieferungsbeleg** an. Er entspricht dem Lieferschein für die Warenauslieferung. Auf der Grundlage des Auslieferungsbeleges erstellen wir dann einen **Transportauftrag.** Das ist der Beleg für das Lager. Er dient dazu, die Lieferung durch Entnahme der Ware aus dem Lager bereitzustellen. Dieser Vorgang wird in der Fachsprache auch **Kommissionierung** genannt.

Ein besonderes Problem stellen immer die **Konditionen** dar. Damit meinen wir zum Beispiel **Preise** und **Rabatte.** Wenn wir nach schweren und anstrengenden Verhandlungen mit unseren Kunden die Konditionen festgelegt haben, erfassen wir sie in den Vertriebsstammdaten im Softwaresystem. Es handelt sich deshalb um Stammdaten, weil wir in der Regel diese Vereinbarungen über einen längeren Zeitraum festlegen. Die Konditionen legen wir vor dem Bearbeiten von Kundenaufträgen fest, sonst würden ja zum Beispiel die Rabatte beim Erfassen des Terminauftrages nicht berücksichtigt werden können. Wenn die Konditionen im Softwaresystem festgelegt sind, müssen Sie für das Material keinen Preis mehr im System per Hand eintragen. Der Preis wird automatisch vom Softwaresystem ermittelt. Wie sich der Preis zusammensetzt, können Sie dann in den Konditionen des Terminauftrages nachsehen.

Wenn nun alles zum Terminauftrag geklärt ist, d.h. der Kundenauftrag akzeptiert wird, die Waren zum Wunschliefertermin vollständig bereitstehen und die Konditionen geklärt und erfasst sind, können abschließend die Auslieferungsbelege (Warenentnahme und Lieferschein) erstellt werden, wobei deren Daten nach erfolgter Auslieferung an die Buchhaltung zur späteren Erstellung der Rechnung übergeben werden."

1.4 SCM und CRM

Neben den ERP-Systemen werden von den Unternehmen auch sogenannte CRM- und SCM-Systeme eingesetzt. Erklären Sie diese Begriffe allgemein durch deren Funktionen für die Wertschöpfung der Unternehmen.

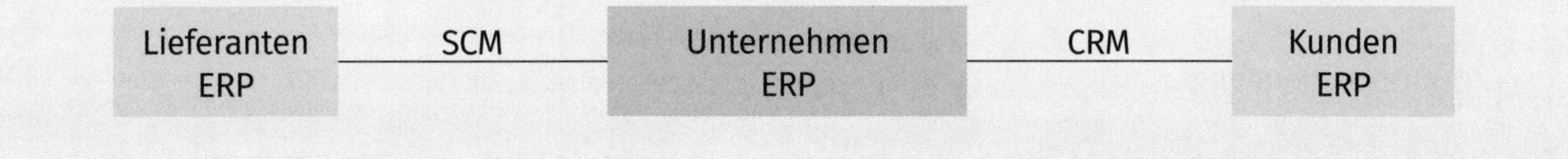

Begriff	Erklärung
SCM	

(Fortsetzung auf S. 8)

(Fortsetzung von S. 7)

Begriff	Erklärung
CRM	

Wie können die aufgelisteten technischen Möglichkeiten speziell für die CRM- oder SCM-Systeme genutzt werden?

Technische Möglichkeiten	SCM	CRM
Internetzugang		
Call-Center-Service		
mobile Kommunikation		
GPS-Ortsbestimmung		
RFID		

Technische Möglichkeiten	SCM	CRM
WebService		

1.5 Multiple-Choice-Fragen

Hinweis: Beachten Sie bei den Multiple-Choice-Fragen auch die Ausführungen zu deren Nutzung mit der Lernplattform Moodle im Anhang dieses Arbeitsheftes.

Markieren Sie die richtigen Antworten zu folgenden Fragen!

1. Das folgende Schema zeigt die Organisation einer GmbH. Nach welchem Leitungssystem arbeitet diese GmbH?

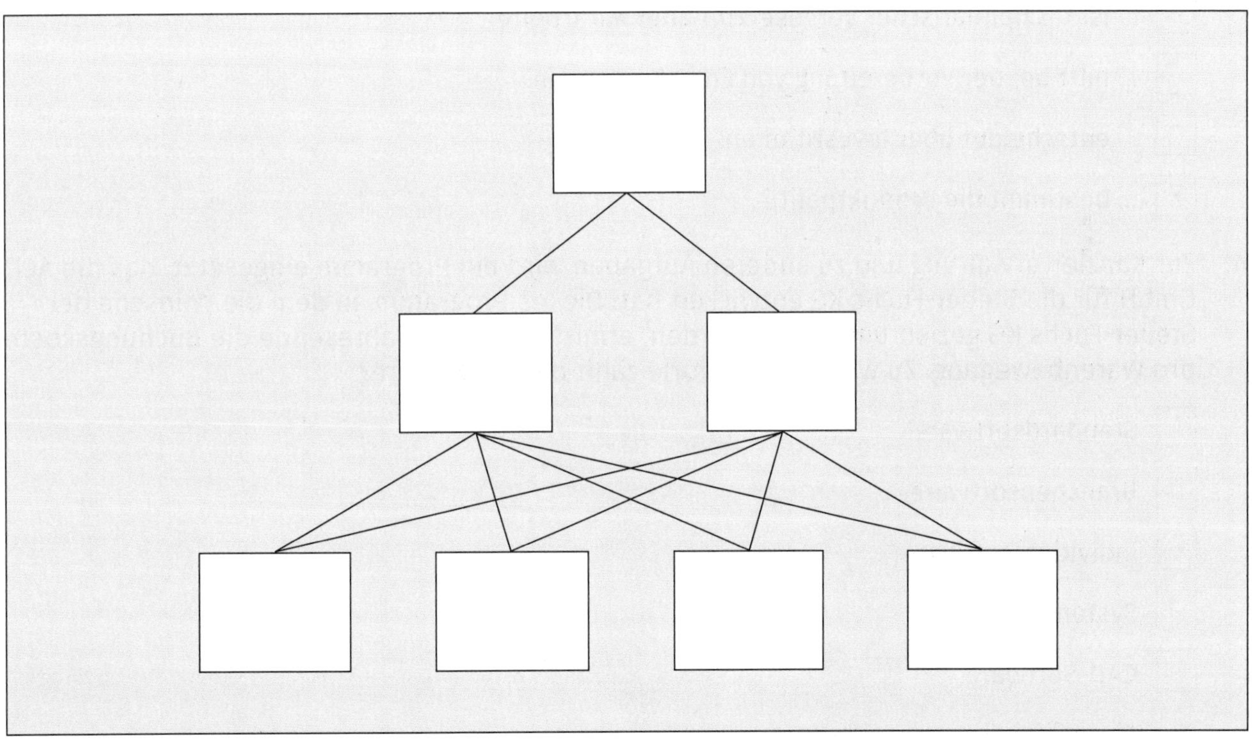

A Einliniensystem

B Matrixorganisation

C Mehrliniensystem

D Stabliniensystem

E Ablauforganisation

2. Das folgende Schema zeigt das Organigramm der ACI GmbH. Nach welchem Leitungssystem wird gearbeitet?

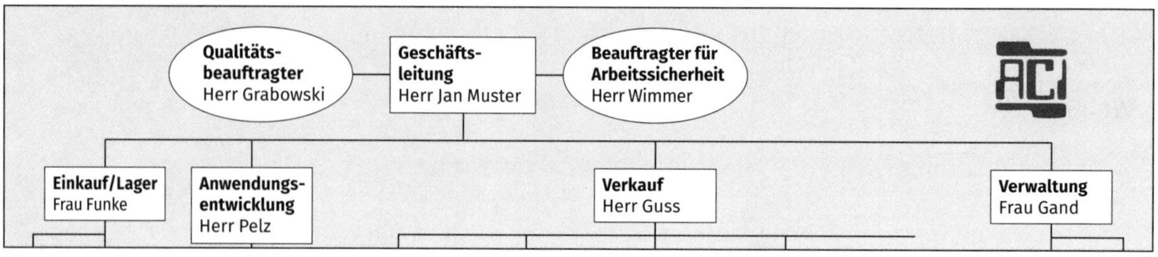

A Einliniensystem

B Matrixorganisation

C Mehrliniensystem

D Stabliniensystem

E Ablauforganisation

3. In der ACI GmbH sind der Geschäftsleitung drei Stabsstellen zugeordnet. Welche der grundsätzlichen Aufgaben erfüllt eine Stabsstelle im Unternehmen? Sie

A ... rekrutiert und entlässt Personal.

B ... ist disziplinarischer Vorgesetzter aller Mitarbeiter.

C ... hilft bei der Vorbereitung von Entscheidungen.

D ... entscheidet über Investitionen.

E ... bestimmt die Produktpolitik.

4. Zur Kanzleiverwaltung und zu anderen Aufgaben wird ein Programm eingesetzt, das die ACI GmbH für die Steuer-Fuchs KG entwickelt hat. Dieses Programm, in dem die Wünsche der Steuer-Fuchs KG gezielt umgesetzt wurden, ermittelt u. a. am Jahresende die Buchungskosten pro Warenbewegung. Zu welcher Kategorie zählt diese Software?

A Standardsoftware

B Branchensoftware

C Individualsoftware

D Systemsoftware

E CAD-Software

5. Welches Merkmal ist typisch für Open-Source-Software?

A Die Software ist fehlerfrei.

B Die Software ist frei von Viren.

C Die Software ist frei von Spyware.

D Der Quellcode der Software ist einsehbar.

E Der Softwareanwender muss nur eine geringe Lizenzgebühr bezahlen.

6. Welche der folgenden Aussagen trifft mit Notwendigkeit zu? Unter Open-Source-Software versteht man Software, die

[A] ... nur für Großbetriebe geeignet ist.

[B] ... nur für kleine Betriebe und Privatanwender geeignet ist.

[C] ... nicht von kommerziellen Firmen entwickelt wurde.

[D] ... nicht in kommerziellen Programmen verwendet werden darf.

[E] ... über offenen Quellcode verfügt.

7. Um die Softwarequalität sicherzustellen, sollten bestimmte Qualitätskriterien berücksichtigt werden. Welche Eigenschaften sind Qualitätskriterien für eine Software? (Mehrere Antworten sind zulässig.)

[A] Benutzbarkeit

[B] Softwarekosten

[C] Hardwarekosten

[D] Zuverlässigkeit

[E] Modifizierbarkeit

[F] Entwicklungszeit

[G] Entwicklungskosten

Aufgabe 2: Produktion von Software

2.1 Vergleich von Standard- oder Individualsoftware

Stellen Sie die jeweils erreichbaren Vorteile bei der Anschaffung einer betriebswirtschaftlichen Standardsoftware und der Individualentwicklung einer entsprechenden Software nach den folgenden Kriterien gegenüber.

Kriterium	Vorteil von Standardsoftware	Vorteil von Individualsoftware
einmalige Kosten		
laufende Lizenzkosten		
laufende Personalkosten		
Abhängigkeit von Fremdleistungen		
Abdeckung der betrieblichen Geschäftsprozesse durch die Software		
Gewinnung zusätzlichen Know-hows zur Ablauforganisation		
pünktliche Bereitstellung der Software		
Wartungsaufwand		
Zuverlässigkeit der Software		
einfacher Datenaustausch durch standardisierte Schnittstellen		

2.2 Wasserfallmodell

Ergänzen Sie im folgenden Schema des Wasserfallmodells die Bezeichnungen der einzelnen Phasen.

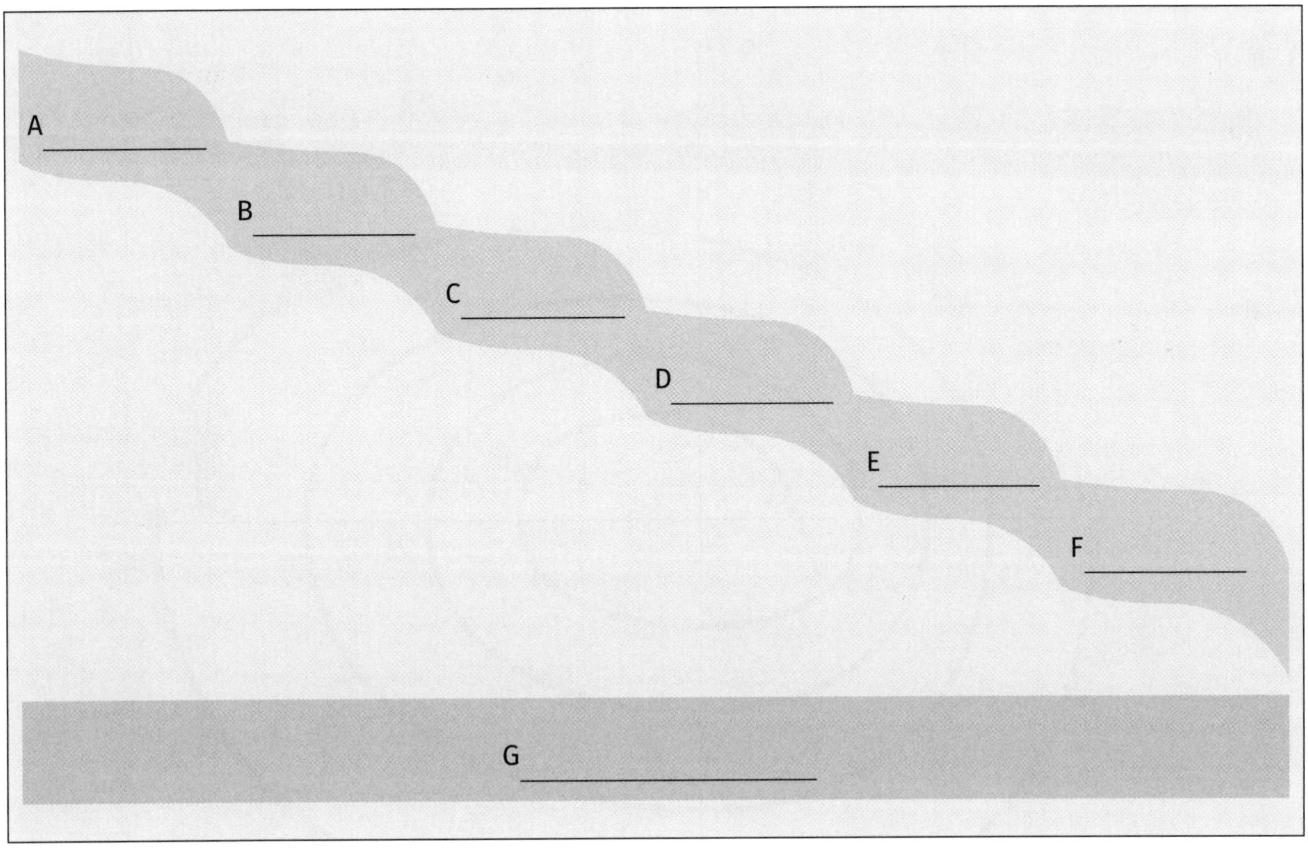

Erläutern Sie die Bedeutung dieser Bezeichnungen.

Feld	Bedeutung/Beschreibung des Inhalts
A	
B	
C	
D	
E	
F	
G	

2.3 Spiralmodell

Ergänzen Sie im folgenden Schema des Spiralmodells die Bezeichnungen der einzelnen Phasen.

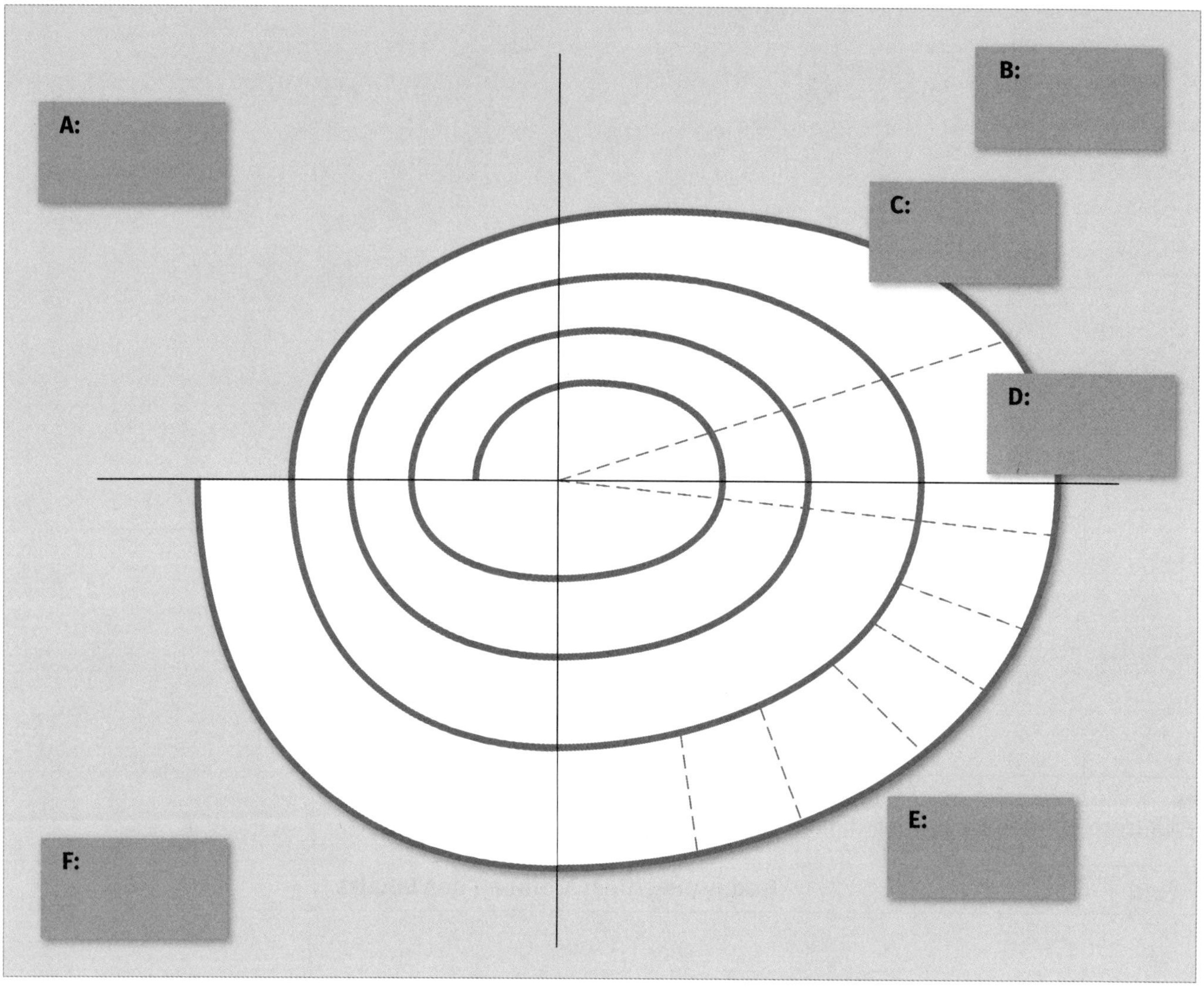

Erläutern Sie die Bedeutung dieser Bezeichnungen.

Feld	Bedeutung/Beschreibung des Inhalts
A	
B	
C	
D	
E	
F	

2.4 V-Modell

Ergänzen Sie im folgenden Schema des V-Modells die Bezeichnungen der einzelnen Phasen.

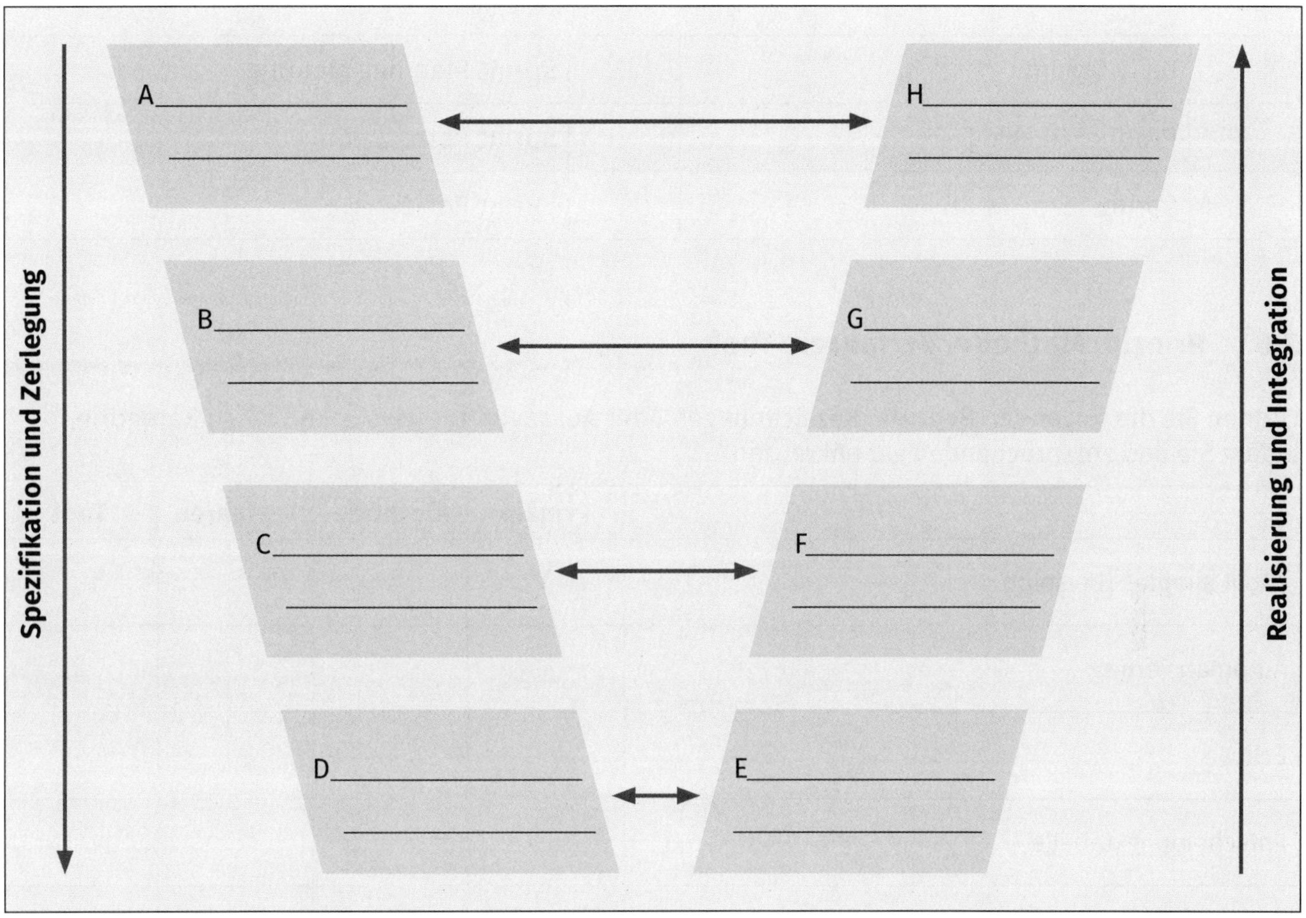

Erläutern Sie die Bedeutung dieser Bezeichnungen.

Feld	Bedeutung/Beschreibung des Inhalts
A	
B	
C	
D	
E	
F	
G	
H	

2.5 Scrum

Nummerieren Sie die folgenden Schritte aus dem Verlauf eines Scrum-Events in der richtigen Reihenfolge:

	Daily Scrum		Sprint Planning Meeting
	Product Backlog		Sprint Retrospective
	Sprint		Sprint Review

2.6 Prinzip, Methode, Verfahren, Tool

Ordnen Sie die folgenden Begriffe, Bezeichnungen oder Aussagen zur jeweils korrekten Kategorie, indem Sie das entsprechende Feld ankreuzen.

	Prinzip	Methode	Verfahren	Tool
„Do it simple." (Beispiel)	X			
Automatisierung				
Eclipse				
Entscheidungstabelle				
Java als Sprache				
Java-Compiler von Sun				
Klassendefinition				
Lesbarkeit				
Objektorientierte Programmierung				
Debugger				
PAP				
Präprozessor				
Programmentwicklung in Sprachen der 3. Generation				
Pseudocode				

	Prinzip	Methode	Verfahren	Tool
Rational Rose				
SiSy				
Struktogramm				
Strukturierte Programmierung				
UML				
Wiederverwendung				
VBA				
Java Virtual Machine				
Programmieren von Funktionen				

2.7 Netzplan mit kritischem Weg

Erstellen Sie anhand folgender Vorgangsliste einen Netzplan für das Softwareprojekt. Ermitteln und kennzeichnen Sie den kritischen Weg.

Vorgang	Beschreibung	Dauer in Tagen	Vorgänger
A	Ist-Aufnahme	1	–
B	Soll-Konzept	2	A
C	Softwarebeschaffung	1	B
D	Customizing	8	C
E	Qualitätssicherung	4	D
F	Anwenderschulung	12	B
G	Dokumentation	15	B
H	Einführung	8	E; F
I	Abnahme	4	G; H

Legende:

FAZ FEZ

Vorgangsbezeichnung		
Vorgangsnummer	Vorgangsdauer	GP

SAZ SEZ

2.8 Netzplan erstellen

Zur Automatisierung der Bearbeitung von Kundenanfragen soll im Rahmen des Projekts eine Datenbankanwendung realisiert werden. Sie werden beauftragt, die im Rahmen des Projekts erforderlichen Aktivitäten in Form eines Netzplans darzustellen. Hierzu haben Sie bereits folgende Vorgangsliste erstellt:

Vorgang	Bezeichnung	Dauer	Vorgänger	FAZ	FEZ	SAZ	SEZ	GP
A	Entity Relationship Model der Datenbank entwickeln	5	–					
B	Datenbanksystem implementieren	3	A					
C	Aufbau der Bildschirmmasken planen	5	A					
D	Bildschirmmasken programmieren	5	B; C					
E	Anwendung testen	7	B; D					
F	Schulung planen und vorbereiten	5	C					
G	Schulung durchführen	5	F					
H	System in Betrieb nehmen	1	E; G					

a) Erstellen Sie einen Netzplan für das Projekt. Vervollständigen Sie hierzu die Skizze und markieren Sie den kritischen Weg.

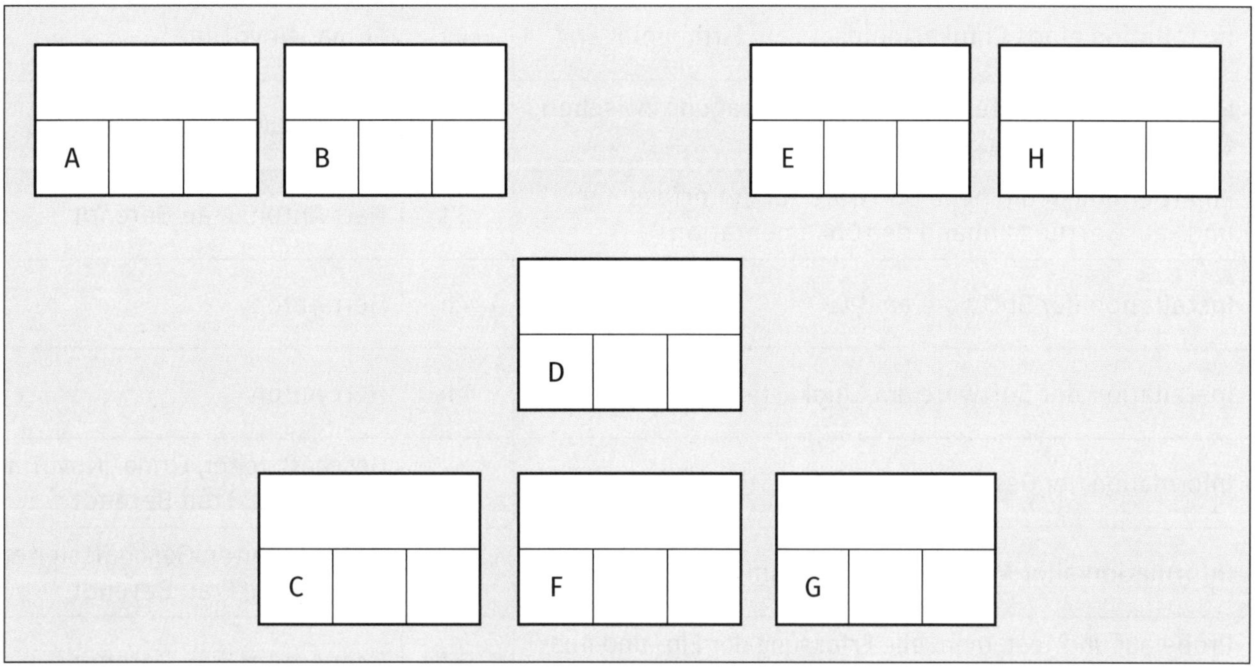

Legende:

FAZ | | FEZ

Vorgangsbezeichnung		
Vorgangsnummer	Vorgangsdauer	Gesamtpuffer

SAZ | | SEZ

b) Der Leiter des Schulungsteams teilt Ihnen mit, dass der Vorgang „Schulung planen und vorbereiten" statt der geplanten fünf Tage nun zehn Tage dauern wird. Erläutern Sie kurz die Auswirkung dieser Veränderung.

2.9 Projekt „Zeiterfassungssystem"

Ausgangssituation

In einem Unternehmen soll die Arbeitszeit der Mitarbeiter zukünftig durch die Erfassung der Eingangs- und Ausgangszeiten mittels Chipkarte an einem Chipkartenleser kontrolliert werden. Bei der Einführung eines Chipkartenlesers der Firma „NovoTime" und einer dazugehörenden Software derselben Firma sind folgende Aktivitäten vorgesehen:

Aktivität	Dauer	Ressourcen
Projektstart	0 t	
Erweiterung der vorhandenen PC-Hardware um eine neue Festplatte und eine Schnittstellenkarte	4 h	Firma „NovoTime"
Verkabelung zwischen Eingang und Computerraum	3 t	Elektroinstallateur

(Fortsetzung auf S. 20)

(Fortsetzung von S. 19)

Aktivität	Dauer	Ressourcen
Installation eines Chipkartenlesers am Firmeneingang	4 t	Firma „NovoTime“
Probebetrieb zum Test der Datenübertragung zwischen Chipkartenleser und PC	4 h	Firma „NovoTime“
Einarbeitung in die neue Software zur Zeiterfassung und -auswertung anhand der Dokumentation	3 t	Herr Anton, Frau Berendt
Installation der Software am PC	4 h	Herr Anton
Installation der Software am Chipkartenleser	4 h	Herr Anton
Information der Geschäftsleitung zum Stand der Arbeiten	2 h	Geschäftsleiter, Firma „NovoTime“, Herr Anton, Frau Berendt
Information aller Mitarbeiter; Verteilung der Chipkarten	2 h	22 Mitarbeiter, Geschäftsleiter, Herr Anton, Frau Berendt
Probelauf und Test, manuelle Erfassung der Ein- und Ausgangszeiten und Vergleich mit den Softwareergebnissen	3 t	Herr Anton, Frau Berendt
Feineinstellungen an der Hardware in Ergebnis des Probelaufes	2 h	Firma „NovoTime“
zweiter Probelauf	6 h	Herr Anton, Firma „NovoTime“
Anpassung der Auswertungslisten an die Belange der Firma	5 t	Frau Berendt
Auswertung der Ergebnisse des Probelaufs	2 t	Herr Anton, Frau Berendt
Modifikation der Software sowie der Auswertungslisten im Ergebnis des Probelaufs	4 t	Frau Berendt
Projektübergabe	2h	Geschäftsführer, Herr Anton, Frau Berendt, Firma „NovoTime“
Beginn der Routinenutzung	0 t	

Aufgaben

1. Erstellen Sie einen Projektplan für den Beginn des Projektes am 04. Oktober 20xx.
2. Bestimmen Sie die Projektkosten anhand folgender Vorgaben:

Hardwarekosten für PC (Festplatte, Schnittstellenkarte)	300,00 €
Hardware der Verkabelung mit Kabel und Montagematerial	300,00 €
Chipkartenleser der Firma „NovoTime“	1500,00 €
einzelne Chipkarte	1,00 €
Tagessatz der Firma „NovoTime“	900,00 €
Stundensatz des Elektroinstallateurs	85,00 €
Stundensatz allgemein pro Mitarbeiter	45,00 €
Stundensatz von Herrn Anton und Frau Berendt	60,00 €
Stundensatz des Geschäftsführers	120,00 €

3. Dokumentieren Sie Ihre Ergebnisse.

2.10 Projekt „Ausstellung“

Ausgangssituation

Für den Aufbau einer Ausstellung im Haus der Kulturen der Welt in Berlin über Leben und Geschichte der Ureinwohner Polynesiens ist ein Projektplan zu erstellen. Die Exponate sind Leihgaben des Völkerkundemuseums in Leipzig.

In der Ausstellung sollen insgesamt 300 Exponate gezeigt werden, das sind 10 Skulpturen, 10 Landkarten, 20 Wandbehänge, 160 Kleinkunstwerke und 100 Gegenstände des täglichen Lebens. Für die Ausstellung stehen nur vier Räume bereit, wovon einer dem täglichen Leben zu widmen ist. Hier sind vier Vitrinen für die 100 Gegenstände des täglichen Lebens aufzustellen. Auch die Kleinkunst wird in insgesamt acht Vitrinen präsentiert. Folgende Belegung ist für die vier Räume geplant:

(1) Spuren der Vergangenheit	**(2) Kleinkunst der Vergangenheit**
■ sechs Skulpturen ■ vier Landkarten ■ acht Wandbehänge	■ sechs Vitrinen ■ zwei Landkarten ■ acht Wandbehänge
(3) Kleinkunst der Gegenwart	**(4) Tägliches Leben**
■ vier Skulpturen ■ zwei Vitrinen ■ zwei Landkarten ■ zwei Wandbehänge	■ vier Vitrinen ■ zwei Landkarten ■ zwei Wandbehänge

Die Ausstellung soll zum 2. Januar des nächsten Jahres eröffnet werden. Folgende Aktivitäten sind zur Vorbereitung der Ausstellung notwendig:

Aktivität	Dauer	Ressourcen
Verpacken aller Skulpturen in Leipzig	3 t	Museumsmitarbeiter, Hilfskraft
Verpacken aller Landkarten und Wandbehänge in Leipzig	6 t	Museumsmitarbeiter, Hilfskraft
Verpacken aller Kleinteile (260 Stück) in Leipzig	10 t	Museumsmitarbeiter, Hilfskraft
Transport von Skulpturen und Wandschmuck	1 t	Transportfirma
Transport der Kleinteile	1 t	Transportfirma
Anlieferung von jeweils sechs Vitrinen	1 t	Transportfirma
Anliefern und Aufstellen der Sockel für die Skulpturen	1 t	Transportfirma
malermäßige Instandsetzung eines Raumes	2 t	Malerfirma
Auspacken und Aufstellen der Skulpturen in Berlin	4 t	Museumsmitarbeiter, Hilfskraft
Aufstellen einer einzelnen Vitrine in Berlin	2 h	Hilfskraft
Einrichten einer einzelnen Vitrine mit Ausstellungsstücken	4 h	Museumsmitarbeiter, Hilfskraft
Auspacken und Aufhängen einer Landkarte	3 h	Museumsmitarbeiter, Hilfskraft
Auspacken und Aufhängen eines Wandschmucks	4 h	Museumsmitarbeiter, Hilfskraft
Endreinigung pro Ausstellungsraum	4 h	Hilfskraft

Aufgaben

1. Erstellen Sie einen Projektplan und ermitteln Sie den notwendigen Beginn der Entnahme der Kunstgegenstände aus der Sammlung des Leipziger Völkerkundemuseums. Beachten Sie dabei folgende Einschränkungen:
   - Es gibt nur eine Transportfirma, die das Vertrauen der Ausstellungsmacher genießt. Diese Firma übernimmt die Transporte innerhalb Berlins und zwischen Leipzig und Berlin. Sie ist zeitlich flexibel einsetzbar.
   - Es besteht ein Vertrag mit **einer** Malerfirma, die zu einer bestimmten Zeit nur einen Raum bearbeiten kann. Dafür ist sie wie die Transportfirma zeitlich flexibel einsetzbar.
   - Vom Leipziger Völkerkundemuseum können maximal zwei Museumsmitarbeiter für die Berliner Ausstellung abgestellt werden, wobei deren Einsatzzeit möglichst zusammenhängend zu planen ist.
   - Hilfskräfte können bei Bedarf eingestellt werden und sie sollten keinen Engpass darstellen.
   - Die Arbeiten werden durch Großveranstaltungen im Haus der Kulturen der Welt behindert. Hier kann jeweils freitags nur bis 12 Uhr gearbeitet werden, weil danach die Abendveranstaltungen vorbereitet werden. Außerdem ist das Haus in der ersten Dezemberwoche wegen einer internationalen Großveranstaltung nicht nutzbar. (Setzen Sie hierfür eine Ressource „Haus der Kulturen der Welt“ mit entsprechendem Kalender ein.)
   - Beim Aufbau der Ausstellung ist zu beachten, dass zuerst die Wände gestaltet werden, dann die Vorbereitung des jeweiligen Raumes mit Sockel für Skulpturen und Vitrinen zu erfolgen hat und danach die Vitrinen gefüllt werden. Das Aufstellen der Skulpturen ist eine Aktivität (nicht getrennt nach Räumen) und erfolgt erst nach vollständiger Einrichtung der entsprechenden Räume, aber noch vor der Endreinigung.

2. Bestimmen Sie die Projektkosten anhand folgender Vorgaben:

		(zur Kontrolle: **Arbeit**)
Transportfirma (Kosten pro Tag)	1.200,00 €	40 h
Malerfirma (Kosten pro Raum)	600,00 €	64 h
Tagessatz der Museumsmitarbeiter	300,00 €	342 h
Stundensatz der Hilfskräfte	10,00 €	382 h

3. Erstellen Sie folgende Belege mit Kopf- und Fußzeile:
   - Ansicht „Balkendiagramm“ mit den Spalten „Vorgang“ und „Dauer“
   - Bericht „Projektübersicht“
   - Ansicht „Ressource: Einsatz“ auf einem Blatt
   - Ansicht „Ressource: Tabelle“ mit der Tabelle „Übersicht“ auf einem Blatt

2.11 Projektorganisation (Projektleiter)

Bewerten Sie die verschiedenen Formen der Projektorganisation aus der Sicht des **Projektleiters.**

Reine Projektorganisation	Vorteile
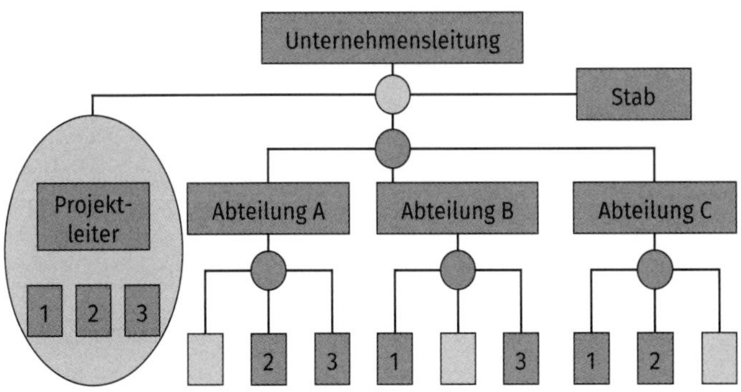	
	Nachteile

Matrix-Projektorganisation	Vorteile
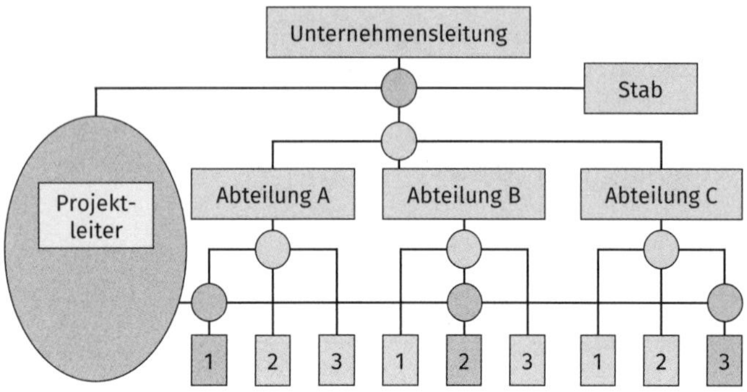	
	Nachteile

Einfluss-Projektorganisation	Vorteile
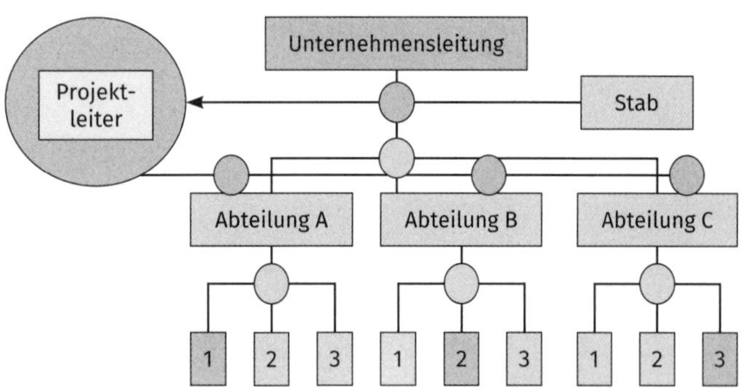	
	Nachteile

2.12 Projektorganisation (Projektmitarbeiter)

Bewerten Sie die verschiedenen Formen der Projektorganisation aus Sicht des **Projektmitarbeiters.**

<table>
<tr><th>Reine Projektorganisation</th><th>Vorteile</th></tr>
<tr><td rowspan="3">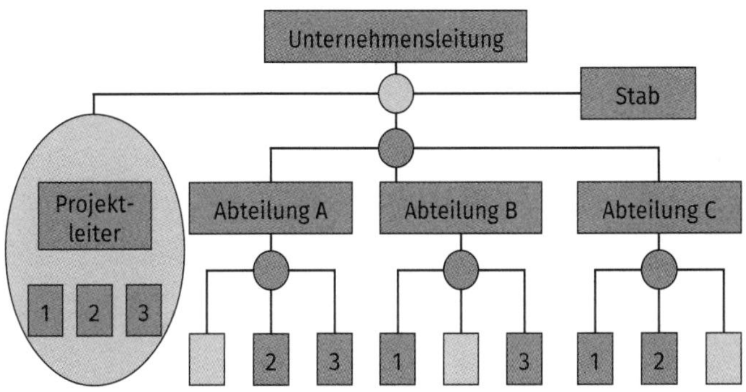
</td><td></td></tr>
<tr><th>Nachteile</th></tr>
<tr><td></td></tr>
</table>

<table>
<tr><th>Matrix-Projektorganisation</th><th>Vorteile</th></tr>
<tr><td rowspan="3">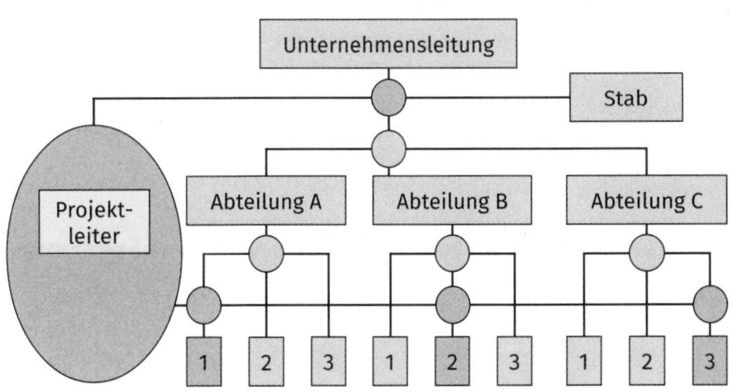
</td><td></td></tr>
<tr><th>Nachteile</th></tr>
<tr><td></td></tr>
</table>

<table>
<tr><th rowspan="3">Einfluss-Projektorganisation
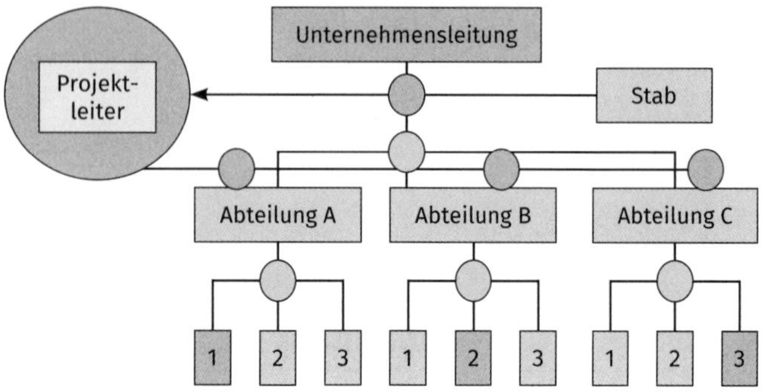</th><th>Vorteile</th></tr>
<tr><td></td></tr>
<tr><th>Nachteile</th></tr>
</table>

2.13 Begriffe aus der Projektorganisation

Markieren Sie die richtigen Aussagen zu folgenden Begriffen.

Stakeholder

A Als Stakeholder werden alle Personen und Organisationen bezeichnet, die sich an den Kosten eines Projektes beteiligen.

B Als Stakeholder werden alle Personen bezeichnet, die ein Interesse am Projekt haben oder vom Projekt in irgendeiner Weise betroffen sind.

C Als Stakeholder werden alle Personen bezeichnet, die sich als Zeichen ihrer Zugehörigkeit zum Projekt beim Kick-Off-Meeting ein Stück Fleisch vom Grill nehmen dürfen.

D Als Stakeholder werden alle Personen und Organisationen bezeichnet, die von den Ergebnissen des Projektes profitieren werden.

Meilenstein

A Meilensteine sind Ereignisse mit besonderer Bedeutung. Sie markieren die Fertigstellung eines bedeutenden Projektergebnisses. Meilensteine haben die Dauer 0 (Null).

B Ein Meilenstein wird durch einen Zeitpunkt bzw. einen Termin beschrieben. Er beinhaltet ein überprüfbares Kriterium, dass nur mit „ja“ oder „nein“ zu beantworten ist.

C Meilensteine definieren die Zwischenetappen eines Projekts. Sie besitzen eine Funktion im Controlling und entsprechend hoch ist ihre Bedeutung im Projektmanagement.

D Meilensteine sind regelmäßig im Projektablaufplan zu planen, wenigstens im Abstand von drei Tagen. Das war die Zeit, die die Lieblingsschildkröte von Prof. Gantt für den Weg von einer englischen Meile benötigte.

Sachziel

A Ein Sachziel ist das inhaltliche Ziel des Projektes, d.h. die vom Kunden gewünschte Funktionalität, Qualität und Integrationsfähigkeit.

B Ein Sachziel ist immer ein sachliches, dingliches, also fassbares Ziel. Sachziele müssen immer so definiert werden, dass man die Ergebnisse anfassen kann.

C Ein Sachziel ist immer objektiv messbar und bewertbar. Sachziele sind keine subjektiven Ziele, deren Erfüllung eine Frage der subjektiven Bewertung ist.

D Ein Sachziel ist immer unabhängig von emotionalen und dabei leicht unsachlich werdenden Bewertungen.

Lenkungsausschuss

A Der Lenkungsausschuss hat zwei wesentlichen Funktionen, nämlich die Überwachung der Projektergebnisse und die Ermittlung von Planabweichungen. Diese müssen regelmäßig im Rahmen von Lenkungsausschuss- und Meilensteinsitzungen besprochen werden.

B Im Lenkungsausschuss müssen alle Stakeholder des Projektes vertreten sein, damit die Informationen und Meinungen der wichtigsten Personen einfließen.

C Im Lenkungsausschuss müssen wenigstens der Projektauftraggeber und der Projektleiter zusammenarbeiten.

D Der Lenkungsausschuss tagt zweckmäßiger Weise regelmäßig einmal pro Monat.

Basisplan

A Der Basisplan umfasst alle Daten eines genehmigten Projektplans zu einem bestimmten Stichtag.

B Man bezeichnet den ersten, von allen Projektbeteiligten genehmigten Terminplan zu Beginn des Projekts als Basisplan.

C Als Basisplan werden alle eigens dokumentierten Zwischenstände des Terminplans im Projektverlauf bezeichnet.

D Der Basisplan ist ein Bezugsplan, mit dessen Hilfe man nach Korrekturen am laufenden Projektplan die Abweichungen vom ursprünglichen Plan dokumentieren kann.

Ressourcen

- A Die finanziellen Mittel im Budget des Projektes sind die wichtigste Ressource eines Projektes.
- B Ressourcen sind Personal und Sachmittel, die zur Durchführung von Vorgängen bzw. Arbeitspaketen und damit zur Realisierung von Projekten benötigt werden.
- C „Einsatzmittel“ ist der korrekte deutsche Begriff nach DIN 69902 für den üblicherweise verwendeten Begriff „Ressourcen“.
- D Ressourcen sind die Quellen des Erfolges in jedem Projekt. Sie sind die handelnden Einheiten, die die Leistungen innerhalb des Projektes erbringen.

Arbeitspaket

- A Ein Arbeitspaket beschreibt eine in sich geschlossene Aufgabenstellung innerhalb des Projektes, die von einer einzelnen Person oder organisatorischen Einheit bis zu einem festgelegten Zeitpunkt mit definiertem Ergebnis und Aufwand vollbracht werden kann.
- B Ein Arbeitspaket kann eine interne Struktur aufweisen, deren Elemente aber aus Sicht der Projektleitung nicht einzeln betrachtet werden müssen, sondern als „Paket“ gehandhabt werden können.
- C Für jedes Arbeitspaket muss es einen Verantwortlichen geben.
- D Ein Arbeitspaket kann als „Mini-Projekt“ innerhalb des Projektes betrachtet werden.

Kritischer Weg

- A Der Kritische Weg ist der Weg von Beginn bis zum Ende des Netzplanes, auf dem die Summe aller Pufferzeiten minimal wird. Vorgänge, die auf dem Kritischen Weg liegen, erhalten ebenfalls die Bezeichnung „kritisch“.
- B An den Vorgängen auf dem Kritischen Weg darf es während der Projektbearbeitung keine Veränderungen geben.
- C Gibt es bei Vorgängen auf dem Kritischen Weg eine Verzögerung, so verzögert sich die Fertigstellung des gesamten Projektes.
- D Gibt es bei Vorgängen auf dem Kritischen Weg eine vorzeitige Fertigstellung, so wird die Fertigstellung des gesamten Projektes ebenfalls vorzeitig erfolgen.

2.14 Protokoll vom Kick-Off-Meeting

Führen Sie ein Kick-Off-Meeting zu einem beliebigen Projekt durch und erstellen Sie das Protokoll vom Kick-Off-Meeting nach dem folgenden Muster. Vergessen Sie nicht, die Teilnehmer vorher ordnungsgemäß einzuladen, eine Tagesordnung zu erstellen und zu versenden, sowie den Teilnehmern rechtzeitig den Projektauftrag zu übergeben.

Projektdokumentation		
Projektname		
Dokumententitel	Protokoll: Kick-Off-Meeting	
Erstellt von:		Erstellt am:
Dokumentenablage		
Änderungshinweis		

	Tagesordnung	**Ergebnis**
1	Teilnehmer erfassen	
2	Anforderungen der Fachabteilung vortragen	
3	Benennung der Projektmitarbeiter, Organisation der Projektarbeit vorstellen	
4	Projektleiter vorstellen	
5	Lenkungsausschuss vorstellen	
6	Namensfindung für das Projekt	
7	Einzusetzende Entwicklungstechnologie diskutieren und festlegen	
8	Maßnahmen zur Qualitätssicherung besprechen	
9	Nächster Termin, vorzulegende Ergebnisse festlegen	
10	Sonstiges	

2.15 Begriffe des Lasten- und Pflichtenheftes

Erklären Sie kurz und analog zu dem Beispiel in der ersten Zeile die folgenden Begriffe aus dem Lasten- und Pflichtenheft.

Begriff	Erklärung
Projektlebenszyklus	Der Projektlebenszyklus einer Projektart wird beschrieben durch das jeweilige Phasenmodell und die darin definierten Meilensteine.
Lastenheft	
Pflichtenheft	
Funktionale Anforderungen	
Muss-Kriterien	
Kann-Kriterien	
Abgrenzungskriterien	
Nicht-funktionale Anforderungen	
Leistungsparameter Datenvolumen	
Leistungsparameter Verarbeitungsgeschwindigkeit	
Antwortzeitverhalten	
Testszenarien	

2.16 Multiple-Choice-Fragen

Markieren Sie die richtigen Aussagen zu folgenden Fragen.

1. Welche Aussage entspricht der Definition zum Begriff „Projekt“ nach DIN 69 901? Das Projekt ist ein

   A ... Vorhaben, das im Wesentlichen durch die Einmaligkeit der Bedingungen in ihrer Gesamtheit gekennzeichnet ist, wie z. B.: Zielvorgabe, zeitliche, finanzielle, personelle oder andere Begrenzungen, Abgrenzung gegenüber anderen Vorhaben und spezifische Organisation.

   B ... einmaliges Vorhaben hoher Komplexität mit klaren Sachzielen, Zeitzielen und Kostenzielen.

   C ... Vorhaben hoher Komplexität mit klaren Sachzielen, Zeitzielen und Kostenzielen.

   D ... komplexes Vorhaben, das im Wesentlichen durch die Einmaligkeit der Bedingungen in seiner Gesamtheit gekennzeichnet ist, wie z. B.: Zielvorgabe, zeitliche, finanzielle, personelle oder andere Begrenzungen, Abgrenzung gegenüber anderen Vorhaben und projektspezifische Organisation.

2. Welche Aussage entspricht der Definition zum Begriff „Projektmanagement“ nach DIN 69 901? Projektmanagement ist die

   A ... Gesamtheit der Führungsaufgaben, -organisationen, -techniken und -mittel für die Abwicklung eines Projektes.

   B ... Gesamtheit der Führungsaufgaben zur Planung und Kontrolle der Sach-, Kosten- und Zeitziele für die Abwicklung eines Projektes.

   C ... Gesamtheit der Führungsaufgaben zur Organisation von Vorgängen und Ressourcen für die Abwicklung eines Projektes.

   D ... Tätigkeit des Projektmanagers zur Planung und Kontrolle des Projektablaufes.

3. In einem Projekt sind **zusätzliche** Ausgaben notwendig, weil man externe Experten zur Erfüllung der hohen Qualitätsanforderungen heranziehen muss. Welches der folgenden Ziele droht damit verletzt zu werden?

   A Kostenziel

   B Sachziel

   C Zeitziel

   D Projektziel

4. Welche Aussage entspricht der Definition zum Begriff „Prozess“? Der Prozess ist

A ... eine wiederholbare Folge von Bearbeitungs- oder Bedienungsschritten, die durch einen Input gestartet wird und zu einem vordefinierten Ergebnis führt.

B ... eine Folge aus den Schritten Prozessdefinition, Prozessplanung, Prozessdurchführung und Prozessabschluss mit dem Output.

C ... ein Vorhaben hoher Komplexität mit klaren Sachzielen, Zeitzielen und Kostenzielen.

D ... ein komplexes Vorhaben, das im Wesentlichen durch die Einmaligkeit der Bedingungen in ihrer Gesamtheit gekennzeichnet ist, wie z. B.: Zielvorgabe, zeitliche, finanzielle, personelle oder andere Begrenzungen, Abgrenzung gegenüber anderen Vorhaben, projektspezifische Organisation.

5. Welcher Begriff für den Auftraggeber eines Projektes hat sich aus der englischsprachigen Literatur verbreitet?

A Projektsponsor

B Stakeholder

C Lenkungsausschuss

D Teamleiter

6. Wie bezeichnet man alle Personen, die ein Interesse am Projekt haben oder vom Projekt in irgendeiner Weise betroffen sind?

A Stakeholder

B Projektsponsor

C Lenkungsausschuss

D Projektteam

7. In welchen Schritten erfolgt die Team-Entwicklung in einem neu eingesetzten Projektteam?

A forming, storming, norming, performing

B storming, forming , norming, performing

C finding, steaming, norming, performing

D forming, storming, performing, norming

8. Auch für das Projektmanagement gelten die Forderungen nach einem SMART-Management. Wofür stehen die Buchstaben S, M, A, R, T?

   A Specific, Measurable, Achievable, Result driven, Time oriented

   B Sponsored, Manpower oriented, Achievable, Reversible, Total cost oriented

   C Supported, Measurable, Actual, Reviewable, Time oriented

   D Sponsored, Manpower oriented, Achievable, Reversible, Time oriented

9. Welche Vorgangsbeziehung gilt für den folgenden Sachverhalt: „Die Wäsche wird erst gewaschen und danach im Wäschetrockner getrocknet."

   A EA: Ende-Anfang-Beziehung

   B EE: Ende-Ende-Beziehung

   C AA: Anfang-Anfang-Beziehung

   D AE: Anfang-Ende-Beziehung

10. Welche Vorgangsbeziehung gilt für den folgenden Sachverhalt? „In einem guten Restaurant werden allen Gästen ihre Speisen gleichzeitig frisch nach der Zubereitung serviert."

    A EE: Ende-Ende-Beziehung

    B EA: Ende-Anfang-Beziehung

    C AA: Anfang-Anfang-Beziehung

    D AE: Anfang-Ende-Beziehung

11. Welche Vorgangsbeziehung gilt für den folgenden Sachverhalt? „Auf einer Baustelle müssen mit Baubeginn Sanitärzellen und Absperreinrichtungen aufgestellt sein."

    A AA: Anfang-Anfang-Beziehung

    B EA: Ende-Anfang-Beziehung

    C EE: Ende-Ende-Beziehung

    D AE: Anfang-Ende-Beziehung

12. Welche Vorgangsbeziehung gilt für den folgenden Sachverhalt? „Belegarbeiten an Hochschulen müssen spätestens zwei Monate nach Einreichung des Themas abgeschlossen werden."

    A AE: Anfang-Ende-Beziehung

    B EA: Ende-Anfang-Beziehung

    C EE: Ende-Ende-Beziehung

    D AA: Anfang-Anfang-Beziehung

13. Wie bezeichnet man einen Vorgang mit der Dauer = 0 (Null)?

A Meilenstein

B Sammelvorgang

C Leer-Vorgang

D Standardvorgang

14. Wie bezeichnet man einen Vorgang mit mehreren untergeordneten Vorgängen?

A Sammelvorgang

B Meilenstein

C Gruppierungsvorgang

D Teilprojekt-Vorgang

15. Welche Aussagen gelten für das agile Vorgehensmodell? (Es können mehrere oder keine Aussagen zutreffend sein.)

A Es besitzt hohe Bedeutung für die Kommunikation im Projektteam.

B Es garantiert die Einbeziehung des Projektauftraggebers in den Entwicklungsprozess.

C Es besitzt Flexibilität, d. h. schnelle Reaktion auf Änderungen der Anforderungen.

D Jede Phase wird vollständig abgeschlossen, bevor die nächste Phase begonnen werden darf.

16. Wie bezeichnet man die Auftaktveranstaltung zu Beginn eines Projektes in der Wirtschaft?

A Kick-Off-Meeting

B Starter-Kit

C Projektteam-Bildung

D Projektvorbereitung

17. Wie bezeichnet man gemäß DIN 69 901 das Dokument, das die vom Auftraggeber festgelegte Gesamtheit der Forderungen an die Lieferungen und Leistungen eines Auftragnehmers innerhalb eines Projektes enthält?

A Lastenheft

B Pflichtenheft

C Ausschreibung

D Projektgenehmigung

18. Wie bezeichnet man gemäß DIN 69 901 das Dokument, das die vom Auftragnehmer erarbeiteten Realisierungsvorgaben aufgrund der Umsetzung der Vorgaben vom Auftraggeber enthält?

    A Pflichtenheft

    B Lastenheft

    C Ausschreibung

    D Projektgenehmigung

19. Welche Ziele verfolgen Bundesbehörden durch die Empfehlung des Vorgehensmodelles V-Modell XT 2.0? (Es können mehrere oder keine Aussagen zutreffend sein.)

    A Verbesserung der Kommunikation zwischen Auftraggeber und Auftragnehmer

    B Minimierung der Projektrisiken

    C Gewährleistung von Qualität

    D Eindämmung der Gesamtkosten

Aufgabe 3: Analyse und Design

3.1 Analysetechniken

Ordnen Sie die folgenden Analysetechniken den jeweils geeigneten Gegenständen der Analyse zu. Markieren Sie die Zuordnung durch entsprechendes Ankreuzen in der zutreffenden Spalte.

Analysetechnik	Gegenstand der Analyse			
	Personen	Prozesse	Dokumente	Produkte
Befragung				
Beobachtung				
Durchsicht				
Fragebogen				
Interview				
Probebetrieb				
Simulation				

3.2 Diskussion zum Entwurf

In der Phase „Entwurf“ werden die Ergebnisse der Analyse zusammen mit theoretischen Überlegungen in Modelle umgesetzt. Modelle sind zweckgebundene Abbildungen von Systemen. Jedes Modell, das im Ergebnis einer Systemanalyse entsteht, ist ein manipulierbarer Vertreter des untersuchten Systems. Jedes Modell hat eine Stellvertreterfunktion für das abgebildete System. An Modellen kann man experimentieren, ohne die Prozesse in der Realität zu gefährden. Diskutieren Sie in diesem Zusammenhang folgende Aussagen:

a) „Erst organisieren, dann automatisieren.“

b) „Ein Bild sagt mehr als 1000 Worte.“

3.3 Fragen zur Systemanalyse

Bei der Systemanalyse sind verschiedene Vorgehensweisen möglich. Man unterscheidet die prozessorientierte, die datenorientierte, die objektorientierte und die ereignisorientierte Systemanalyse.

Welche typischen Fragestellungen bilden bei den verschiedenen Vorgehensweisen der Systemanalyse den Ausgangspunkt?

Vorgehensweise	Fragestellungen
prozessorientiert	1. Welche Tätigkeit verrichtet Ihr betrieblicher Betreuer? 2. 3. 4.
datenorientiert	1. Welche Formulare mussten Sie bei Ihrer Einstellung als Auszubildender ausfüllen und welche Angaben mussten Sie dort machen? 2. 3. 4.

(Fortsetzung auf S. 38)

(Fortsetzung von S. 37)

Vorgehensweise	Fragestellungen
objektorientiert	1. Welche für die gewerbliche Nutzung relevanten Merkmale besitzt ein Dienstfahrzeug in Ihrem Ausbildungsbetrieb? 2. 3. 4.
ereignisorientiert	1. In welchen Situationen fährt ein Servicetechniker oder Kundenbetreuer direkt zum Kunden? 2. 3. 4.

3.4 Darstellungsmittel

Ordnen Sie die folgenden Darstellungsmittel den jeweils geeigneten Gegenständen der Analyse zu. Markieren Sie die Zuordnung durch entsprechendes Ankreuzen in der zutreffenden Spalte.

Darstellungsmittel	Algorithmen	Datenmodell	Systemstruktur	Prozessmodell
EPK (Ereignisgesteuerte Prozesskette)				
PAP (Programmablaufplan)				
Struktogramm				
UML (unified modelling language)				
ERD (entity relationship diagram)				

3.5 V-Modell XT®

Ein Vorgehensmodell ist eine Arbeitsanleitung, die beschreibt, wie und in welcher Reihenfolge Arbeiten bei der Organisation und Durchführung eines Projekts durchzuführen sind. Ein spezielles und besonders gut ausgearbeitetes Vorgehensmodell ist das V-Modell XT®[1].

Das V-Modell XT definiert die Aktivitäten (Tätigkeiten) und Produkte (Ergebnisse), die während der Entwicklung von Systemen durchzuführen bzw. zu erstellen sind. Darüber hinaus legt es die Verantwortlichkeiten jedes Projektbeteiligten fest. Das V-Modell regelt also detailliert, „Wer, wann, was“ in einem Projekt zu tun hat.

Ordnen Sie in der Grafik die Begriffe „Produkt“, „Aktivität“ und „Rolle“ an den richtigen Stellen zu.

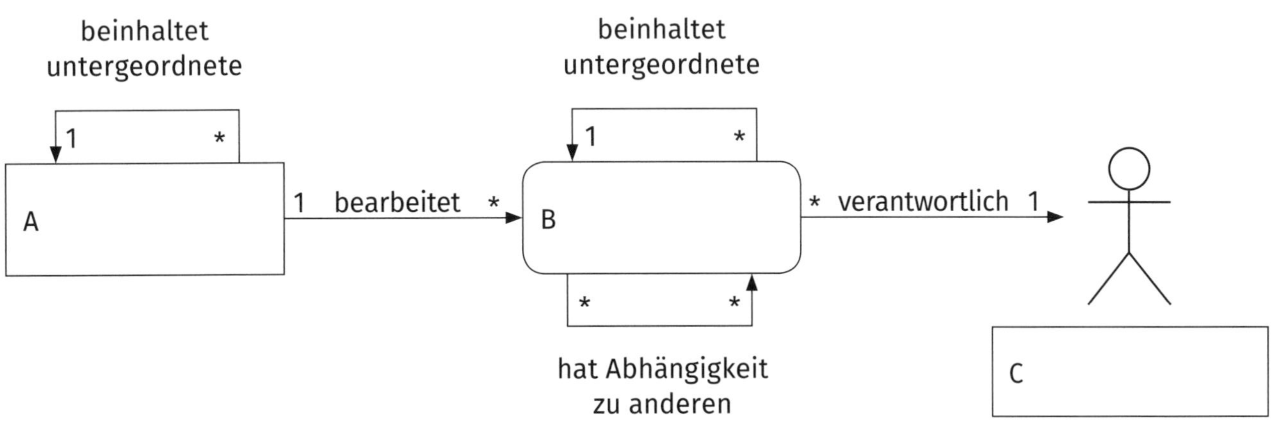

1 V-Modell® ist eine geschützte Marke der Bundesrepublik Deutschland

3.6 V-Modell XT (Rollen)

Ordnen Sie die definierten Rollen im Entwicklungsprozess den jeweiligen Struktureinheiten in der Projektorganisation zu. Markieren Sie die Zuordnung durch Ankreuzen in der zutreffenden Spalte.

Rollen im Entwicklungsprozess	**Struktureinheit**			
	Lenkungsausschuss	**Projektbüro**	**Projektteam**	**Qualitätssicherung**
Änderungsverantwortlicher				
Anforderungsanalytiker				
Systemintegrator				
Systemarchitekt				
Auftraggeber				
Softwareentwickler				
Softwarearchitekt				
Verantwortlicher für Qualitätssicherung				
Ergonomieverantwortlicher				
Projektkaufmann				
Projektleiter				
Prüfer				

3.7 Multiple-Choice-Fragen

1. Übertragen Sie die Texte A bis E in die richtigen Positionen (grau unterlegte Flächen in der Abbildung).

   A Datenmodell

   B Geschäftsprozessmodell

   C Organigramm

   D Softwarearchitektur

   E Projektmodell

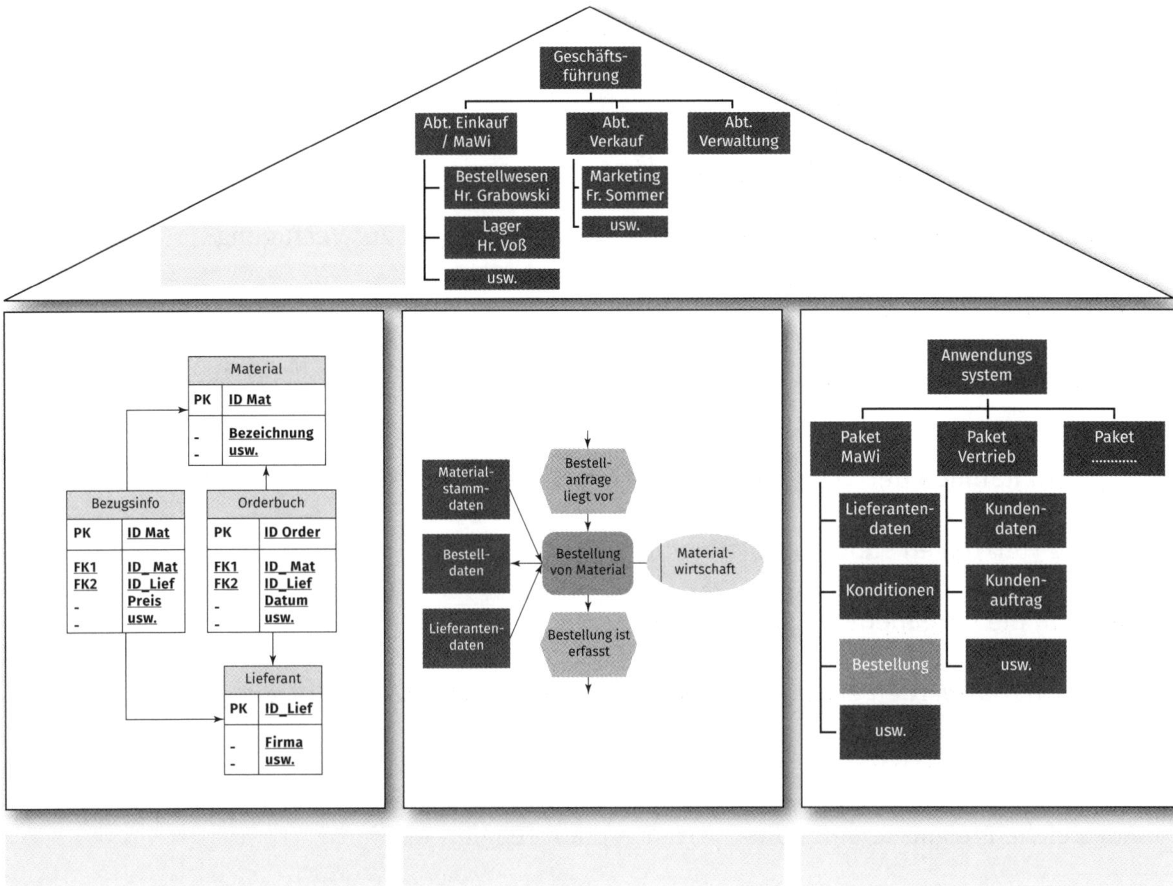

Markieren Sie die richtigen Antworten zu folgenden Fragen.

2. Was muss im Rahmen der **prozessorientierten** Systemanalyse geklärt werden?

A Welche Funktionen stellt das System bereit?

B Wie sind die Ausgabedaten strukturiert?

C Welche Daten werden eingegeben oder stehen gespeichert zur Verfügung?

D Welche Objekte existieren?

E Auf welche Ereignisse muss das System geplant reagieren?

3. Was muss im Rahmen der **datenorientierten** Systemanalyse geklärt werden?

A Welche Funktionen stellt das System bereit?

B Auf welche Ereignisse muss das System geplant reagieren?

C Welche Daten werden eingegeben oder stehen gespeichert zur Verfügung?

D Welche Objekte existieren?

E Wie sind die Beziehungen der Objekte untereinander (Vererbung)?

4. Was muss im Rahmen der **objektorientierten** Systemanalyse geklärt werden?

   A Welche Funktionen stellt das System bereit?

   B Wie sind die Ausgabedaten strukturiert?

   C Welche Daten werden eingegeben oder stehen gespeichert zur Verfügung?

   D Welche Objekte existieren?

   E Auf welche Ereignisse muss das System geplant reagieren?

5. Was muss im Rahmen der **ereignisorientierten** Systemanalyse geklärt werden?

   A Welche Funktionen stellt das System bereit?

   B Wie sind die Ausgabedaten strukturiert?

   C Welche Daten werden eingegeben oder stehen gespeichert zur Verfügung?

   D Welche Objekte existieren?

   E Auf welche Ereignisse muss das System geplant reagieren?

6. In vielen Unternehmen existieren computergestützte Lösungen für einzelne Geschäftsprozesse unabhängig voneinander. Diese Lösungen können in ihrem Bereich sehr nützlich und effektiv sein. Es gibt aber keine geplanten Verbindungen zwischen diesen Lösungen, z. B. keinen automatischen Datenaustausch. Wie bezeichnet man derartige Lösungen?

   A Insellösungen

   B Stand-Alone-Software

   C Integrierte Software

   D ERP-Systeme

   E Groupware

7. Wie bezeichnet man eine Arbeitsanleitung, die beschreibt, wie und in welcher Reihenfolge die Organisation und Durchführung eines Projekts abläuft?

   A Vorgehensmodell

   B Prozessablaufplan

   C Programmablaufplan

   D Scrum

   E Lastenheft

8. Das gesuchte Dokument ist ein wesentliches Ergebnis von Analyse und Design. Es wird vom Auftragnehmer für die Softwareentwicklung erstellt und enthält die Beschreibung, wie sich der Auftragnehmer die Realisierung aller Anforderungen des Auftraggebers vorstellt. Hier werden die Anwendervorgaben vom Entwickler um mögliche Realisierungsansätze ergänzt. Dabei ist zu gewährleisten, dass alle Anforderungen mit diesen Lösungsansätzen realisiert werden können. Wie bezeichnet man dieses Dokument?

   A Lastenheft

   B Pflichtenheft

   C Auftragsbuch

   D Abnahmeprotokoll

   E Projektdokumentation

9. Das gesuchte Dokument gehört zu den wichtigen Dokumenten eines Entwicklungsprojektes, denn hier werden die Anforderungen des Auftraggebers formuliert. Für den Auftraggeber dient das Dokument oft als Basis einer Ausschreibung. Wie bezeichnet man dieses Dokument?

   A Lastenheft

   B Pflichtenheft

   C Auftragsbuch

   D Abnahmeprotokoll

   E Projektdokumentation

10. Wofür stehen die vier Buchstaben von ARIS?

   A Aufbau relationaler Informationssysteme

   B Architektur integrierter Informationssysteme

   C Artificial Intelligence Systems

   D Allgemeine Regeln Intelligenter Systeme

   E Architektur Intelligenter Strukturen

11. Welches Darstellungsmittel wählt man zur Modellierung der Aufbauorganisation?

   A Ereignisgesteuerte Prozesskette

   B Organigramm

   C Wertschöpfungskette

   D Entity-Relationship-Diagramm

   E Struktogramm

12. Welches Darstellungsmittel wählt man zur Modellierung von Prozessen, einschließlich der Angaben zu den Ausführenden und den bearbeiteten Informationen?

    A Organigramm

    B Ereignisgesteuerte Prozesskette

    C Wertschöpfungskette

    D Entity-Relationship-Diagramm

    E Struktogramm

13. Wie bezeichnet man das abgebildete Darstellungsmittel?

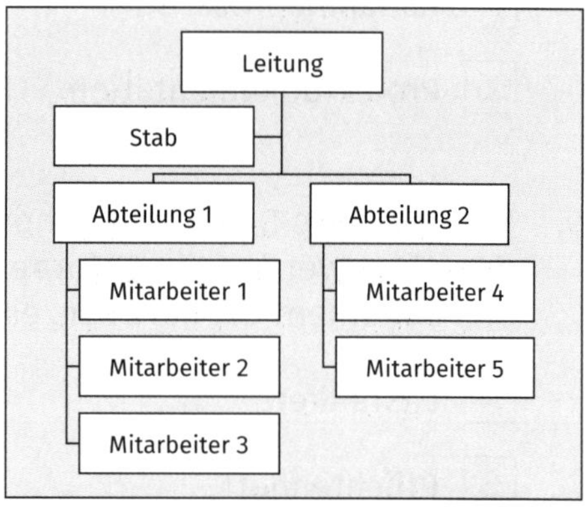

    A Organigramm

    B Ereignisgesteuerte Prozesskette

    C Wertschöpfungskette

    D Entity-Relationship-Diagramm

    E Struktogramm

14. Wie bezeichnet man das abgebildete Darstellungsmittel?

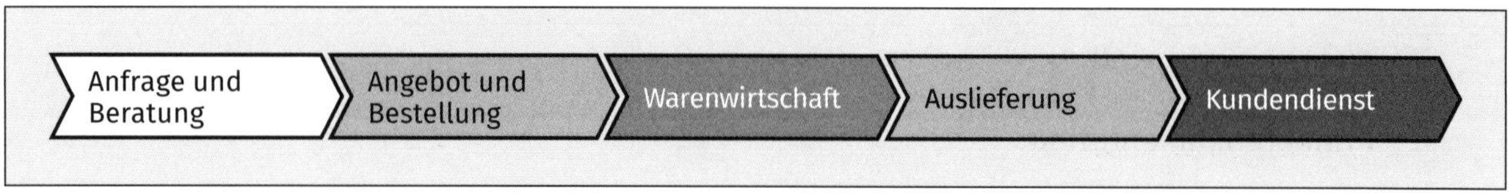

    A Organigramm

    B Ereignisgesteuerte Prozesskette

    C Wertschöpfungskette

    D Entity-Relationship-Diagramm

    E Struktogramm

Die Fragen 15 bis 19 beantworten sich hier im Text praktisch gegenseitig. Sinnvoll sind derartige Fragen z. B. im Rahmen eines Fragenpools in Moodle für die zufällige Fragenauswahl (siehe Anhang 4).

15. Wie bezeichnet man das abgebildete Darstellungsmittel?

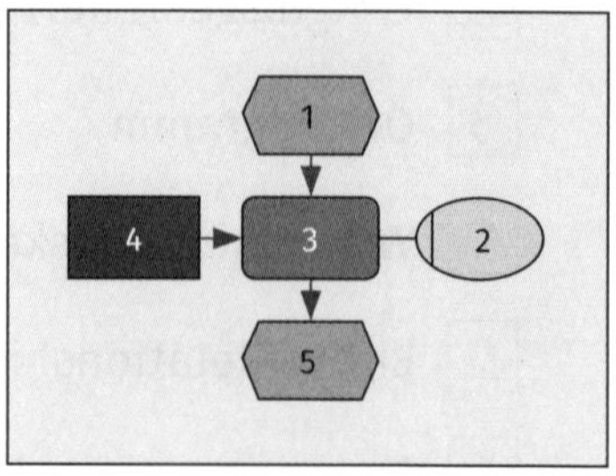

    A Organigramm

    B Ereignisgesteuerte Prozesskette

    C Wertschöpfungskette

    D Entity-Relationship-Diagramm

    E Struktogramm

16. Wie lautet die allgemein gebräuchliche und in Microsoft Visio offiziell verwendete Bezeichnung des dargestellten Elementes mit der Nummer 1?

A Ereignis

B Funktion

C Organisationseinheit

D Steuerelement

E Informationsobjekt

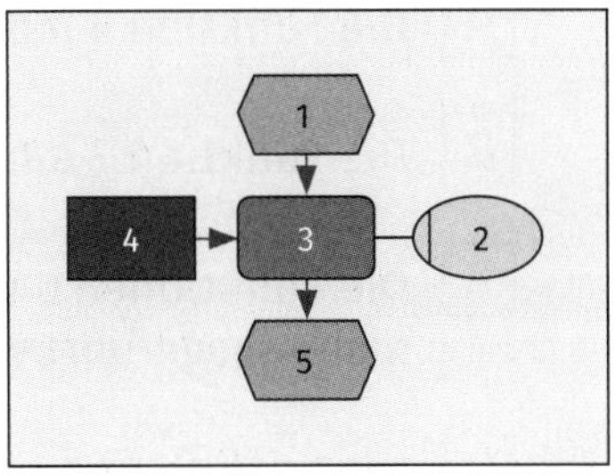

17. Wie lautet die allgemein gebräuchliche und in Microsoft Visio offiziell verwendete Bezeichnung des dargestellten Elementes mit der Nummer 3?

A Ereignis

B Funktion

C Organisationseinheit

D Steuerelement

E Informationsobjekt

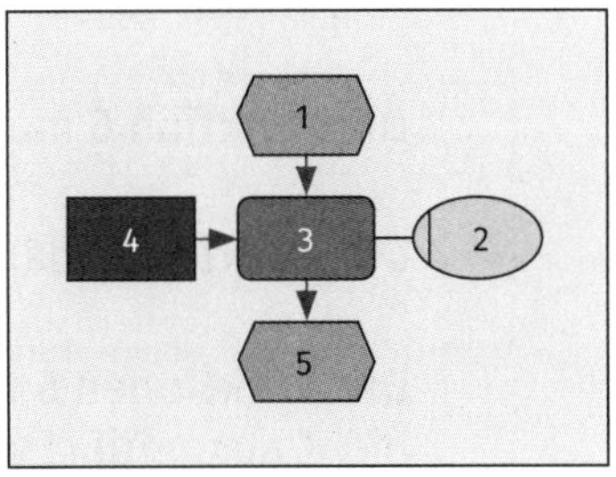

18. Wie lautet die allgemein gebräuchliche und in Microsoft Visio offiziell verwendete Bezeichnung des dargestellten Elementes mit der Nummer 2?

A Ereignis

B Funktion

C Organisationseinheit

D Steuerelement

E Informationsobjekt

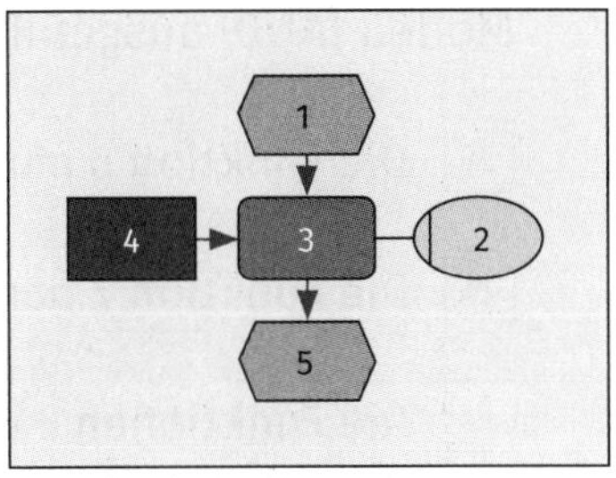

19. Wie lautet die allgemein gebräuchliche und in Microsoft Visio offiziell verwendete Bezeichnung des dargestellten Elementes mit der Nummer 4?

A Ereignis

B Funktion

C Organisationseinheit

D Steuerelement

E Informationsobjekt

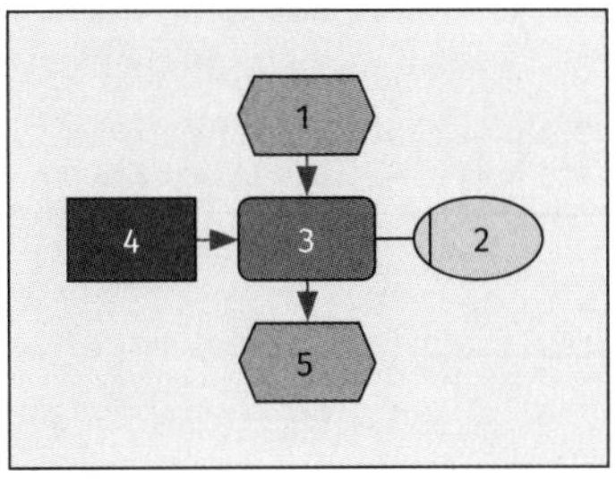

20. Was passiert, wenn die Funktion 5 nach dem dargestellten Modell (XOR) ausgeführt wird?

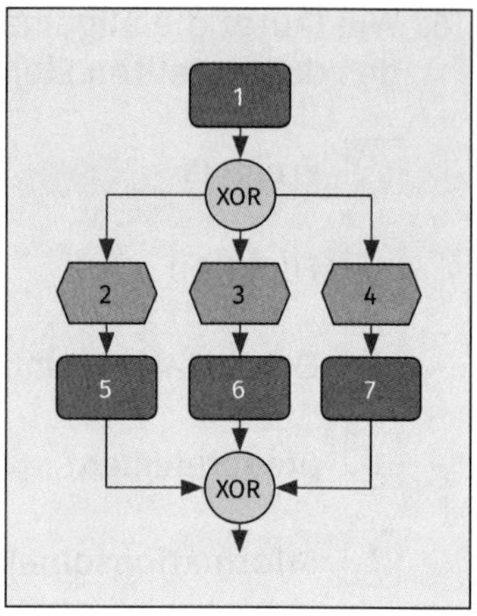

A Die Funktion 6 muss ebenfalls ausgeführt werden.

B Die Funktion 7 darf nicht ausgeführt werden.

C Die Funktionen 6 und 7 können eventuell auch, müssen aber nicht ausgeführt werden.

D Die Funktion 6 kann eventuell auch, muss aber nicht ausgeführt werden.

E Die Ereignisse 2, 3 und 4 sind identisch.

21. Was passiert, wenn die Funktion 5 nach dem oben dargestellten Modell (OR) ausgeführt wird?

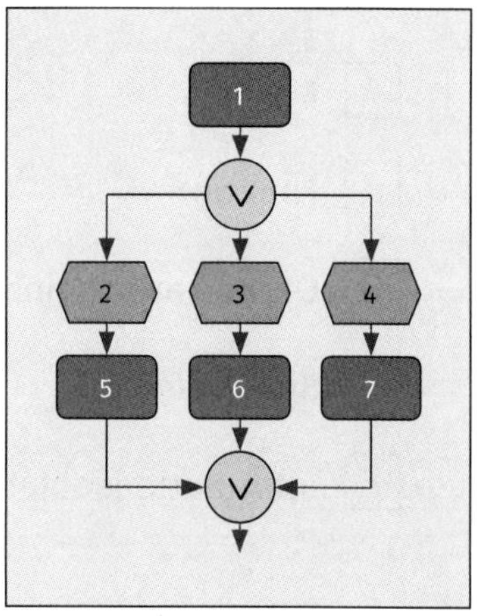

A Die Funktion 6 muss ebenfalls ausgeführt werden.

B Die Funktion 7 darf nicht ausgeführt werden.

C Die Funktionen 6 und 7 können eventuell auch, müssen aber nicht ausgeführt werden.

D Die Funktion 6 darf nicht ausgeführt werden.

E Die Ereignisse 2, 3 und 4 sind identisch.

22. Was passiert, wenn die Funktion 5 nach dem oben dargestellten Modell (AND) ausgeführt wird?

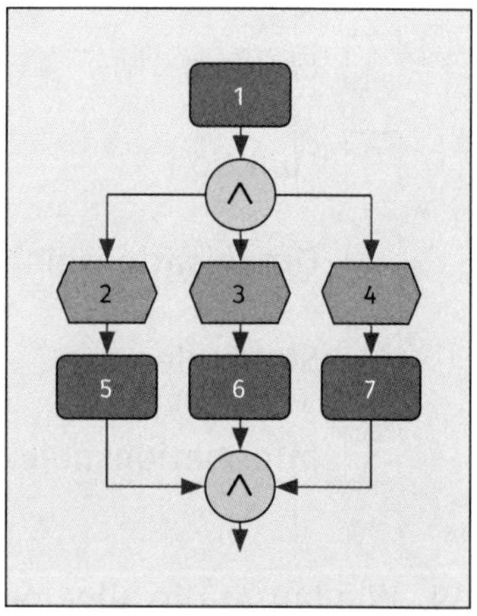

A Die Funktion 6 muss ebenfalls ausgeführt werden.

B Die Funktion 7 darf nicht ausgeführt werden.

C Die Funktionen 6 und 7 können eventuell auch, müssen aber nicht ausgeführt werden.

D Die Funktion 6 kann eventuell auch, muss aber nicht ausgeführt werden.

E Die Ereignisse 2, 3 und 4 sind identisch.

Aufgabe 4: Werkzeuge zur Softwareentwicklung

4.1 Programmablaufplan (PAP) als klassisches Darstellungsmittel

Analysieren Sie den folgenden Programmablaufplan (PAP) zur Prüfziffernkontrolle einer EAN. Ergänzen Sie den PAP, indem Sie detailliert die Prüfung „EAN mit 13 Ziffern?“ ausarbeiten. Tragen Sie die korrekte Benennung (Ja/Nein) bei den Entscheidungen ein.

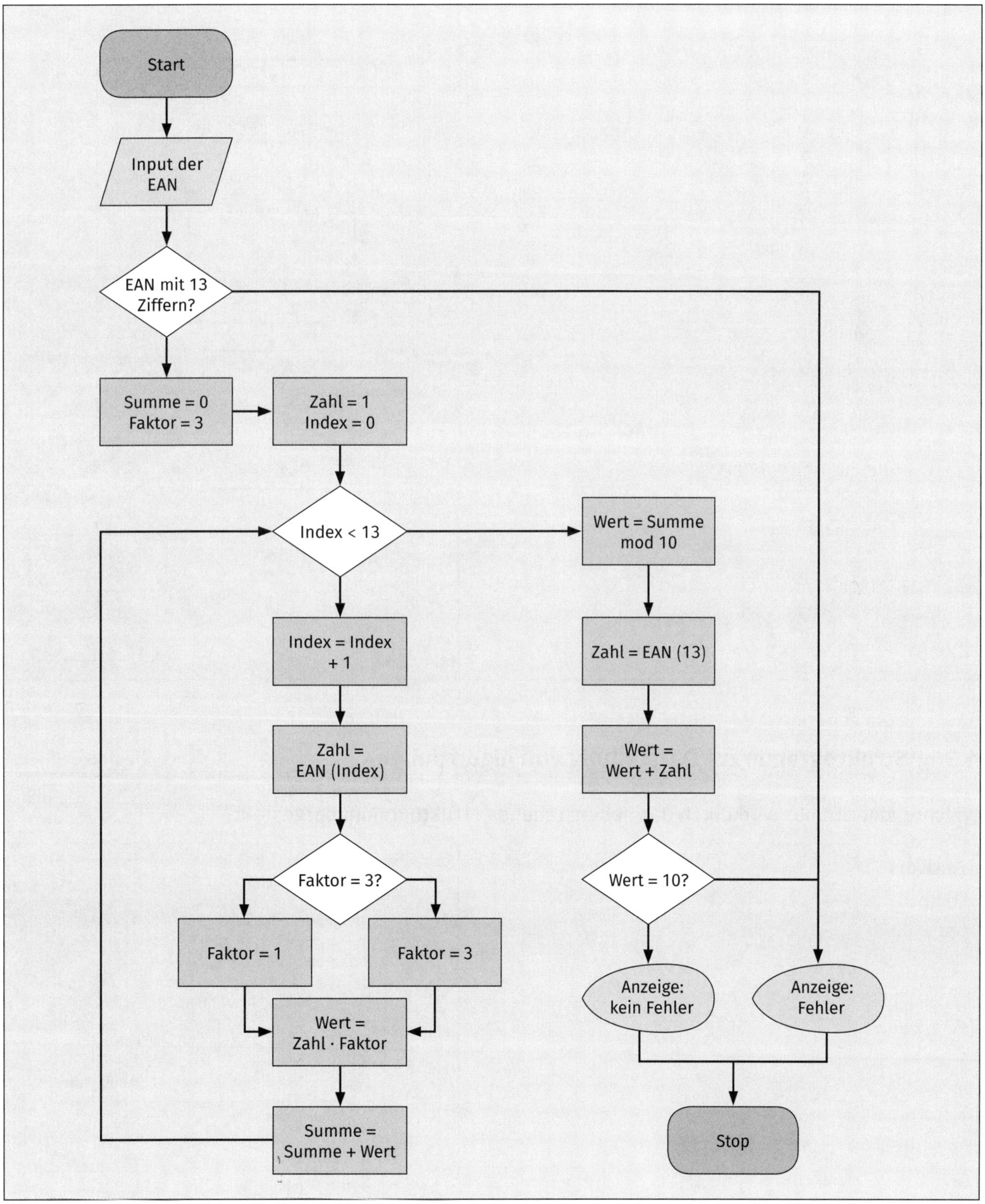

4.2 Programmablaufplan zur Darstellung von Algorithmen

Welcher Algorithmus wird durch den nebenstehenden Programmablaufplan dargestellt?

Antwort:

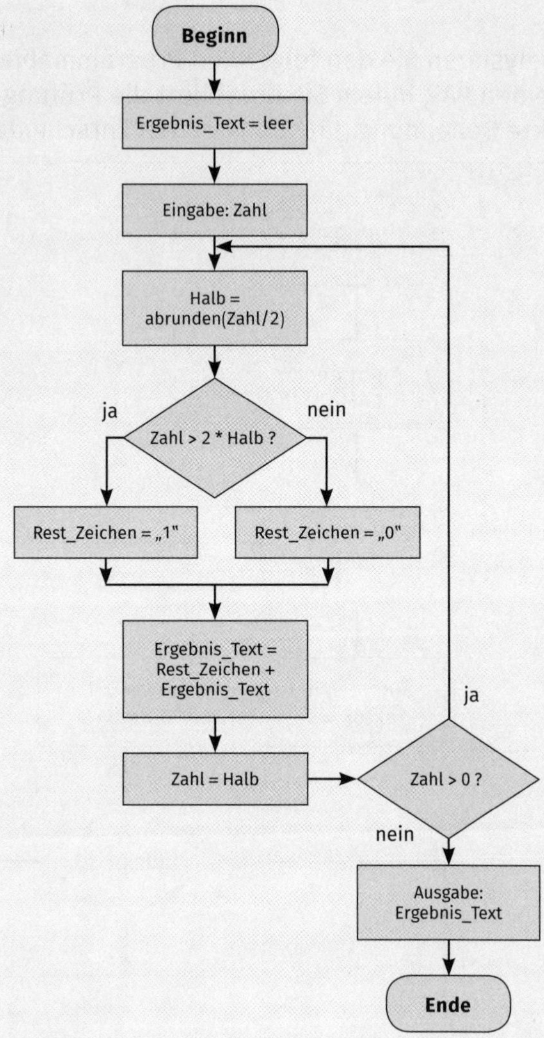

4.3 Struktogramm zur Darstellung von Algorithmen

Welcher Algorithmus wird durch das nebenstehende Struktogramm dargestellt?

Antwort:

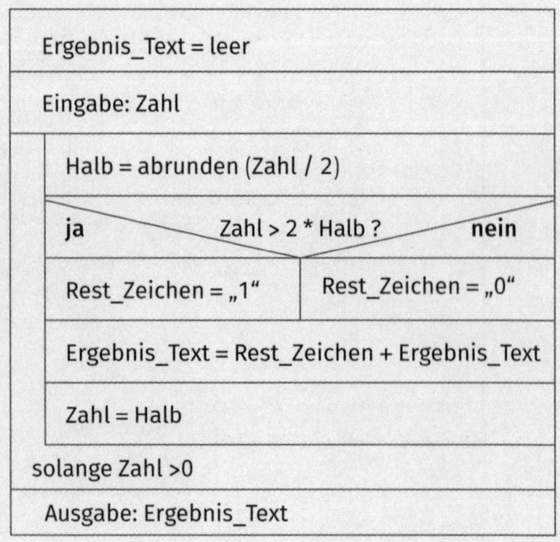

4.4 Struktogramm zur Programmentwicklung

Ein Schulungsraum kann wöchentlich höchstens an fünf Tagen jeweils acht Stunden genutzt werden. Es werden die Fächer Informatik und Medientechnik unterrichtet.

Es soll ein Programm entwickelt werden, mit dem je Kalenderwoche (KW) die Auslastungen des Schulungsraums in Prozent ermittelt werden kann, also:

1. Auslastung durch die Fächer Informatik und Medientechnik
2. Gesamtauslastung

Für jeden Unterricht sind die Daten für Kalenderwoche, Fach und Stunden in der Datei „Unterricht" gespeichert. Folgendes Struktogramm steht zur Verfügung:

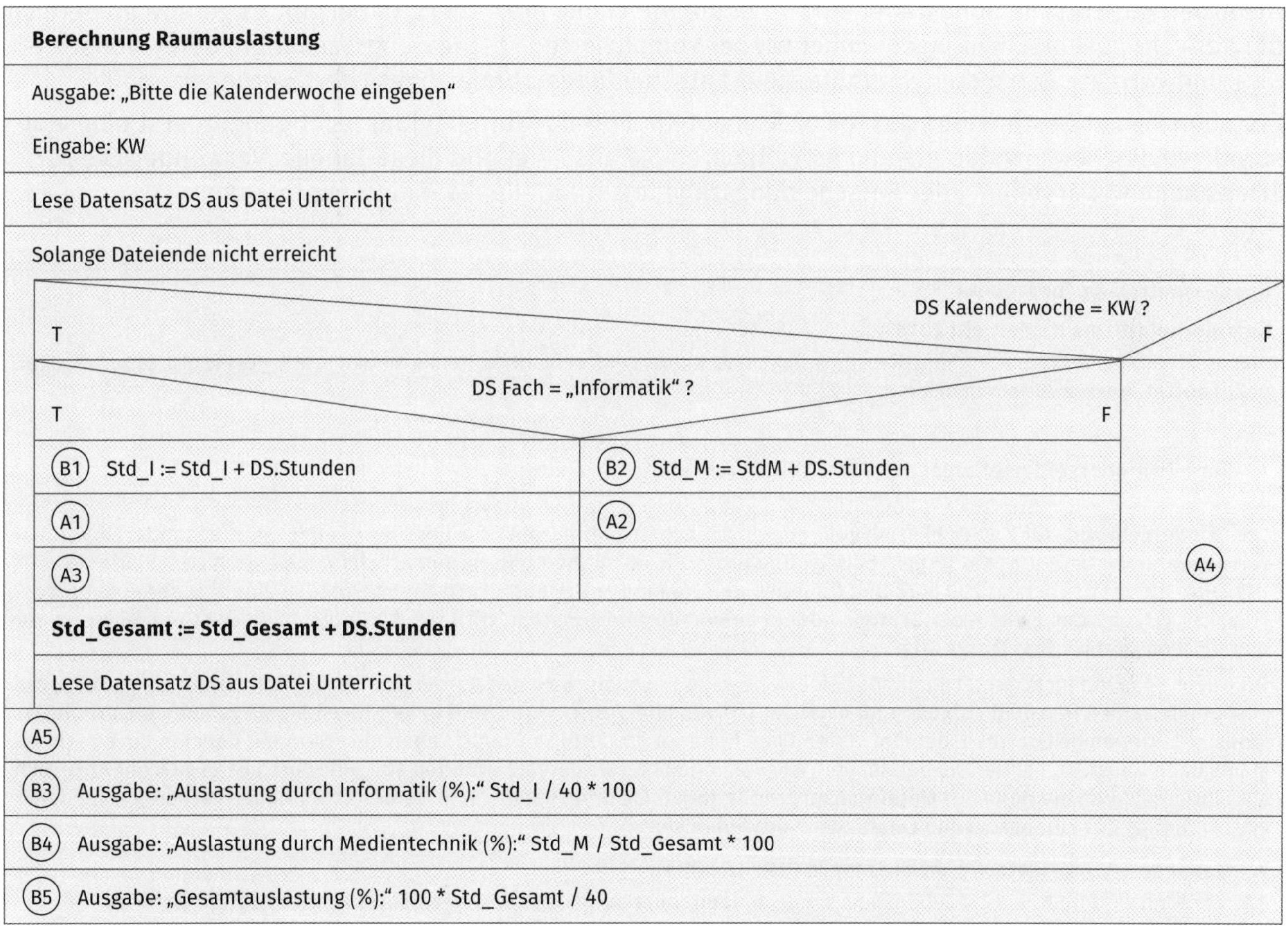

1. Bei einem Test des Struktogramms wird festgestellt, dass **Std_Gesamt** nicht richtig ermittelt wird. Sie sollen den Fehler korrigieren. An welche der im Struktogramm mit A1 bis A5 markierten Stellen müssen Sie die Anweisung **Std_Gesamt:= Std_Gesamt + DS.Stunden** verschieben, damit **Std_Gesamt** richtig ermittelt wird?
2. Nach der Korrektur des genannten Fehlers wird in einem weiteren Test festgestellt, dass ein Ausgabewert vom Programm weiterhin falsch berechnet wird. An welcher der mit B1 bis B5 markierten Stellen steht die Anweisung, die die falsche Berechnung verursacht?
3. Bei einer Besprechung des Struktogramms wird die Verwendung von Konstanten erörtert. Für welchen der folgenden Werte kann eine Konstante verwendet werden?
   a) einzugebende Kalenderwoche „KW"
   b) gelesenen Datensatz „DS"
   c) Anzahl der Stunden insgesamt „Std_Gesamt"
   d) Anzahl an Wochenstunden, die 100 % entsprechen, die Zahl 40
   e) Anzahl der Stunden Informatik „Std_I"

4. Welche der folgenden Kontrollstrukturen wurde im Struktogramm am häufigsten und welche wurde nur einmal verwendet?
   a) Sequenz (x)
   b) Verzweigung
   c) Mehrfachverzweigung
   d) Kopfgesteuerte Schleife
   e) Fußgesteuerte Schleife
   f) Zählschleife

4.5 Entscheidungstabelle

Die Arbeit mit Entscheidungstabellen wird heute nur wenig praktiziert, dabei gibt es gerade im Bereich der Verwaltungsentscheidungen immer wieder komplizierte Entscheidungsszenarien, deren vollständige und korrekte Behandlung mithilfe einer Entscheidungstabelle abgesichert werden kann.

Erstellen Sie zur Bestimmung des Anspruchs auf Kindergeld (Kindergeldberechtigung) zuerst eine vollständige Entscheidungstabelle und konsolidieren Sie anschließend diese Tabelle. Verwenden Sie zur Erfassung und Darstellung der Entscheidungstabelle ein Tabellenkalkulationsprogramm.

Bundeszentralamt für Steuern

Kurzmerkblatt zum Kindergeld 2018[1]

Dieses Merkblatt soll Ihnen einen Überblick über das Kindergeldrecht nach dem Einkommensteuergesetz geben. Fragen beantwortet Ihnen Ihre Familienkasse.

...

1. Für alle Kindergeldempfänger

...

1.5 Kindergeld wird für Kinder bis zum vollendeten 18. Lebensjahr gezahlt; darüber hinaus nur unter besonderen Voraussetzungen (siehe Nr. 2). Das Kindergeld beträgt für Kinder, die im Inland wohnen, monatlich für die ersten zwei Kinder jeweils 194 Euro, für das dritte Kind 200 Euro und für jedes weitere Kind je 225 Euro. Lebt ein Elternteil in einem anderen Mitgliedsstaat der EU oder des EWR, in der Schweiz oder in einem Abkommensstaat, wird das Kindergeld von der Familienkasse der Bundesagentur für Arbeit festgesetzt.

1.6 Lebt das Kind nicht gemeinsam mit beiden Eltern im Haushalt, wird das Kindergeld demjenigen Elternteil gezahlt, der das Kind in seinen Haushalt aufgenommen hat. Ist das Kind bei keinem Elternteil in den Haushalt aufgenommen, erhält das Kindergeld derjenige Elternteil, der ihm laufend den höheren Barunterhalt zahlt. Leben die Eltern mit dem Kind in einem gemeinsamen Haushalt, können sie bestimmen, wer von ihnen das Kindergeld erhalten soll. Hierdurch kann sich der Anspruch auf Kindergeld und die Höhe des Gesamtanspruchs ändern (Zählkind). Für Angehörige des öffentlichen Dienstes kann damit eine Änderung der kindbezogenen Leistungen verbunden sein.

2. Besondere Voraussetzungen bei Kindern über 18 Jahren

2.1 Ihr Kind wird über das 18. Lebensjahr hinaus bis zur Vollendung des 25. Lebensjahres berücksichtigt, wenn es

- für einen Beruf ausgebildet wird; dazu zählt auch der Besuch von allgemeinbildenden Schulen,
- sich in einer Übergangszeit von höchstens vier Monaten befindet (z. B. zwischen zwei Ausbildungsabschnitten),
- mangels Ausbildungsplatzes eine Berufsausbildung nicht beginnen oder fortsetzen kann oder
- ein freiwilliges soziales oder ökologisches Jahr, einen Bundesfreiwilligendienst oder einen anderen geregelten Freiwilligendienst leistet.

2.2 Hat ein in Nr. 2.1 genanntes Kind bereits eine erstmalige Berufsausbildung oder ein Erststudium abgeschlossen, wird es nur berücksichtigt, wenn es keiner anspruchsschädlichen Erwerbstätigkeit nachgeht.

Als Berufsausbildung werden berufliche Ausbildungsmaßnahmen betrachtet, wenn hierbei die notwendigen fachlichen Fertigkeiten und Kenntnisse erworben werden, die zur Aufnahme eines Berufs befähigen. Der Erwerb eines Schulabschlusses stellt keine abgeschlossene Berufsausbildung dar.

...

Ein Kind ist erwerbstätig, wenn es einer Beschäftigung nachgeht, welche auf die Erzielung von Einkünften gerichtet ist und den Einsatz seiner persönlichen Arbeitskraft erfordert. Damit werden neben der nichtselbständigen Arbeitnehmertätigkeit auch land- und forstwirtschaftliche, gewerbliche und selbständige Tätigkeiten erfasst.

1 Auszüge aus: Bundeszentralamt für Steuern; Kurzmerkblatt zum Kindergeld 2018, veröff. 9/2018 unter www.bzst.de/DE/Steuern_National/Kindergeld_Fachaufsicht/Familienkassen/Merkblaetter/ [05.02.2019]

> Anspruchsschädlich ist eine Erwerbstätigkeit, wenn die regelmäßige wöchentliche Arbeitszeit insgesamt mehr als 20 Stunden beträgt.
> Anspruchsunschädlich ist eine Erwerbstätigkeit,
> - die im Rahmen eines Ausbildungsdienstverhältnisses ausgeübt wird, d.h. wenn die Ausbildungsmaßnahme Gegenstand des Dienstverhältnisses ist,
> - die geringfügig im Sinne der §§ 8 und 8a SGB IV ist,
> - wenn die regelmäßige wöchentliche Arbeitszeit insgesamt nicht mehr als 20 Stunden beträgt. Hierbei ist stets die vertraglich vereinbarte Arbeitszeit zu Grunde zu legen. Wird die Beschäftigung nur vorübergehend (d.h. für höchstens zwei Monate) ausgeweitet, ist dies unbeachtlich, wenn während des gesamten Berücksichtigungszeitraums im Kalenderjahr die durchschnittliche Arbeitszeit nicht mehr als 20 Stunden beträgt.
>
> 2.3 Steht Ihr Kind in keinem Beschäftigungsverhältnis und ist es bei einer Agentur für Arbeit in Deutschland arbeitsuchend gemeldet, kann es bis zum vollendeten 21. Lebensjahr berücksichtigt werden.
>
> 2.4 Ohne Altersbegrenzung wird Ihr Kind berücksichtigt, wenn es wegen körperlicher, geistiger oder seelischer Behinderung außerstande ist, sich selbst zu unterhalten.

Lösungsschema

Bedingung																
Aktionen																
Zahlung von Kindergeld																
kein Anspruch auf Kindergeld																
Hinweis auf Sozialbetrug																

4.6 Grundbegriffe für UML

Ordnen Sie den Erklärungen die folgenden Begriffe richtig zu. Verwenden Sie die jeweiligen Ziffern der Begriffe.

1 Aggregation (aggregation)
2 Akteur (actor)
3 Aktivitätsdiagramm (activity diagram)
4 Anwendungsfall (use case)
5 Attribut (attribute)
6 Einfachvererbung (single inheritance)
7 Instanz (instance)
8 Klasse (class)
9 Klassendiagramm (class diagram)
10 Kollaborationsdiagramm (collaboration diagram)
11 Komponente (component)
12 Merkmal (property)
13 Methode (method)
14 Objekt (object)
15 Rolle (role)
16 Schnittstelle (interface)
17 Sequenzdiagramm (sequence diagram)
18 Stereotyp (stereotype)
19 UML
20 Vererbung (inheritance)
21 Zustand (state)
22 Zustandsdiagramm (state diagram)

	Exemplar, das aus einer allgemeinen Beschreibung erzeugt wird. Für eine Klasse sind dies alle aus ihr erzeugten Objekte. Für eine Assoziation ist es eine konkrete Verknüpfung zwischen Objekten.
	Klassifikation von Elementen eines UML-Modells durch einen Namen
	... beschreibt eine Menge von Aktivitäten eines Systems aus der Sicht seiner Akteure, die für diese zu wahrnehmbaren Ergebnissen führen. Er wird immer durch einen Akteur ausgelöst.
	... bezeichnet eine „Teil-Ganzes"- oder „ist-Teil-von"-Relation.
	... beschreibt Eigenschaften von Elementen eines UML-Modells.
	Ein Objekt einer Klasse kann in einem bestimmten Zusammenhang eine spezielle Funktion übernehmen. Dies wird im Klassendiagramm modelliert und hat Auswirkungen auf die Namensvergabe für die Codegenerierung.
	... bezeichnet Softwaremodul mit ausführbaren Bestandteilen, eigener Identität und wohldefinierten Schnittstellen in UML.
	... definiert Abstraktion möglicher Attributwerte eines Objektes. Der Begriff ist einer Klasse zugeordnet und beschreibt eine bestimmte Situation im Leben eines Objektes, in der bestimmte Bedingungen gelten (Attributwerte), bestimmte Aktivitäten ausgeführt werden und auf bestimmte Ereignisse (Botschaften) gewartet wird.
	Eine Klasse erbt nur von einer einzigen anderen Klasse.
	... beschreibt spezielle Form des Zustandsdiagrammes, die fast ausschließlich Aktivitäten enthält.
	... beschreiben die Merkmale oder Eigenschaften einer Klasse. Alle Objekte einer Klasse besitzen dieselben Eigenschaften, jedoch mit unterschiedlichen Werten. Das bedeutet für die Implementation, dass jedes Objekt Speicherplatz für alle diese Werte erhalten muss.
	... beschreibt die Zustände und die Zustandsveränderungen, die ein System im Verlaufe seiner Existenz erleben kann.

	... bezeichnet eine Sammlung von Objekten mit gleichen Eigenschaften (Attributen), gemeinsamer Funktionalität (Methoden), gemeinsamen Beziehungen zu anderen Objekten und gemeinsamer Semantik.
	... bezeichnet allgemein einen Gegenstand des Interesses, insbesondere einer Beobachtung, Untersuchung oder Messung. Es können Dinge und Begriffe sein. In der objektorientierten Softwareentwicklung besitzt es bestimmte Eigenschaften und reagiert mit einem definierten Verhalten auf seine Umgebung. Außerdem besitzt es eine Identität, die es von allen anderen unterscheidet. Die Eigenschaften werden durch dessen Attributwerte ausgedrückt, sein Verhalten durch eine Menge von Methoden.
	Beschreibung des extern sichtbaren Verhaltens eines Modellelementes, wie Klasse, Paket oder Komponente
	... bezeichnet Algorithmus, der einem Objekt zugeordnet ist und von diesem abgearbeitet werden kann.
	... bezeichnet außerhalb eines Systems liegende Rolle. Diese Rolle kann durch einen Anwender, also eine Person, oder ein System ausgefüllt werden.
	... stellt Klassen und Objekte mit ihren statischen Beziehungen dar.
	... zeigt eine Menge von Interaktionen zwischen ausgewählten Objekten in einem bestimmten Kontext unter besonderer Beachtung der Beziehung der Objekte untereinander. Es ist dem Sequenzdiagramm ähnlich.
	... zeigt eine Menge von Interaktionen zwischen ausgewählten Objekten in einem bestimmten Kontext unter Betonung der zeitlichen Abfolge.
	Klassen werden in eine Hierarchie eingeordnet, die eine Weiterleitung von Informationen von oben nach unten ermöglicht. Eine Unterklasse verfügt dann über die Eigenschaften und das Verhalten der Oberklasse. Sie übernimmt diese Charakteristika. Entsprechend wird die Hierarchie auch Klassenhierarchie genannt.
	Unified Modeling Language

4.7 Use Case

a) Erstellen Sie das Anwendungsfalldiagramm (Use Case) für die Anmeldung am Webshop durch einen Webkunden und einen Mitarbeiter der ACI GmbH.

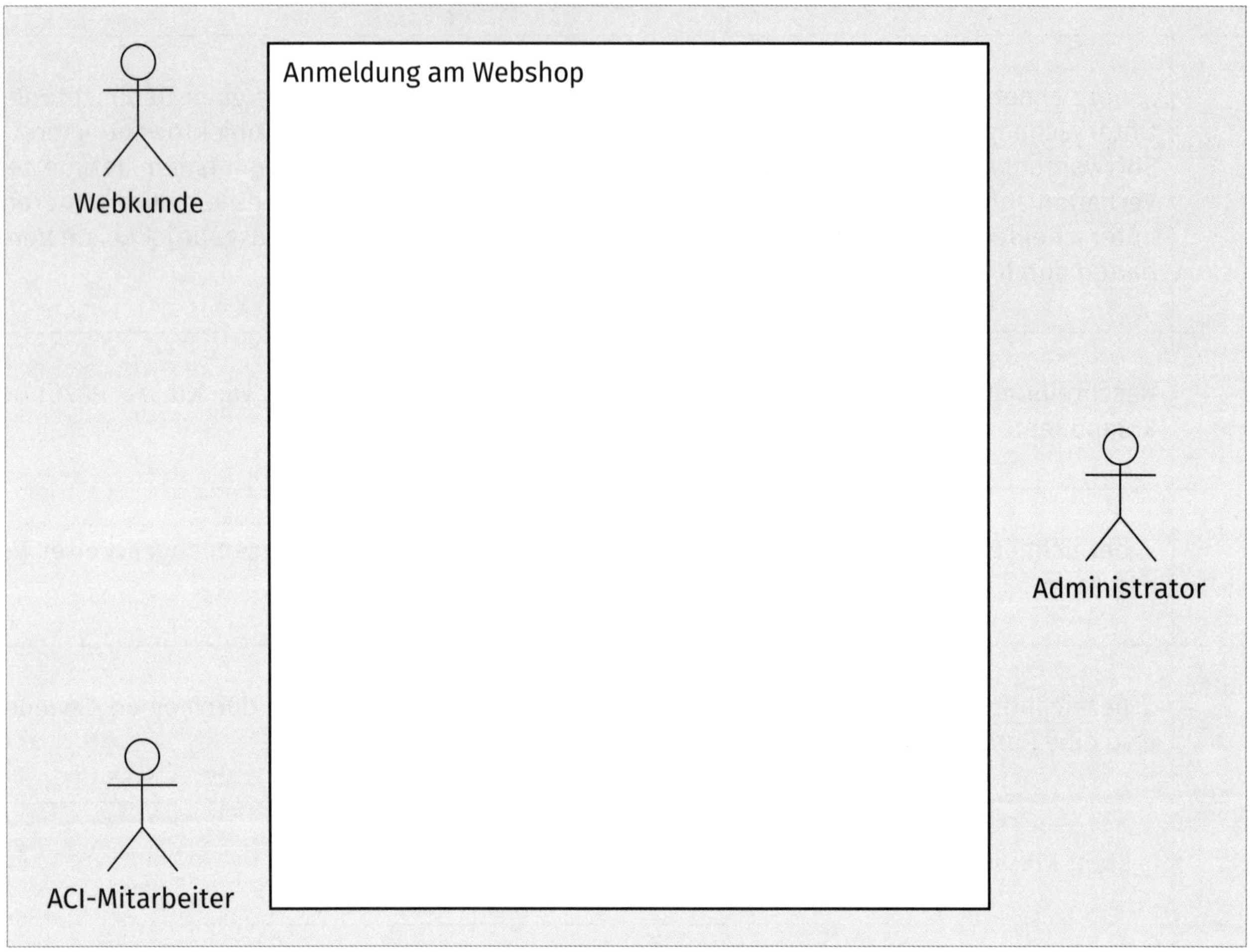

b) Was bedeuten in einem Use-Case-Diagramm die folgenden Eintragungen:

- <<includes>>
- <<extends>>

Nutzen Sie zur Erklärung den in der Abbildung dargestellten Anwendungsfall.

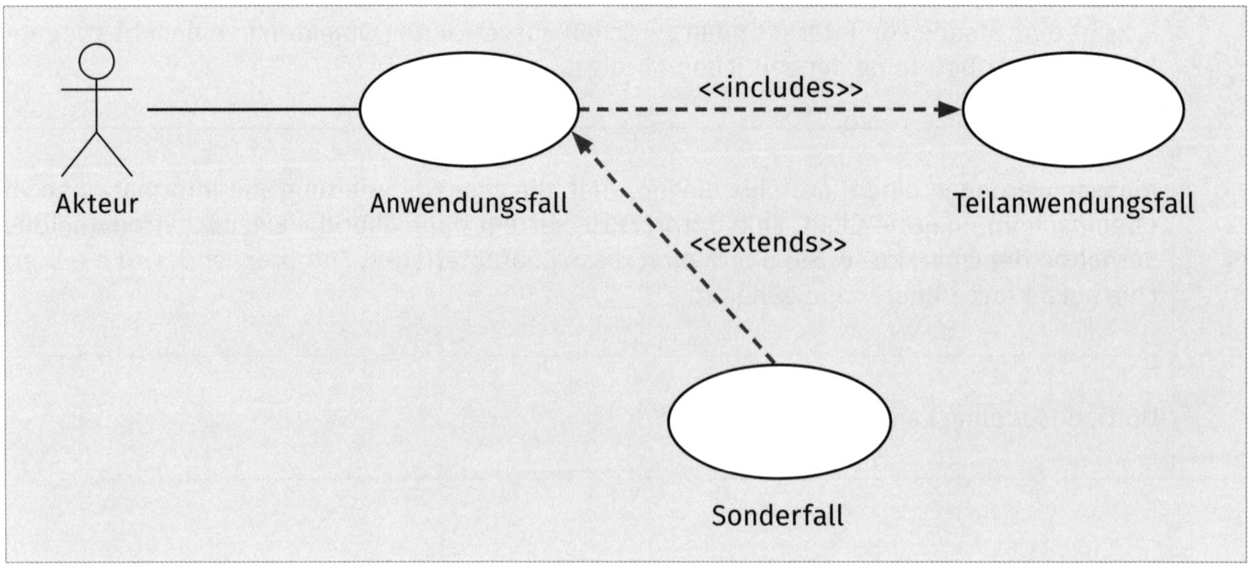

4.8 Zugriffsregelungen

Klassendiagramme enthalten den Namen der Klasse, die Attribute und Methoden. Der Zugriff auf diese Attribute und Methoden von Programmteilen außerhalb der Klasse kann streng reglementiert werden. Für die Zugriffscharakterisierung sind in UML die einfachen Symbole „+“, „#“ und „–“ eingeführt worden. Es werden aber auch grafische Symbole genutzt, um die Darstellungen ausdrucksstärker zu gestalten. Für Methoden gelten sinngemäß die gleichen Regeln. Die Sichtbarkeit wird ebenfalls mit public, protected und private charakterisiert.

Welche Konsequenzen haben diese Zugriffsregelungen?

Symbol	+	#	–
Bedeutung	public	protected	private
Erklärung			

4.9 Programmiersprachen

a) Welche Antwort ist korrekt? Es kann auch mehrere richtige Antworten geben.

1. Was versteht man unter der **Syntax** einer Programmiersprache?

   A Unter der Syntax versteht man eine formale Grammatik, die es ermöglicht, erlaubte Konstruktionen festzulegen und unerlaubte Konstruktionen auszuschließen.

   B Programmiersprachen sind formale Sprachen. Unter der Syntax einer formalen Sprache versteht man ein System von Regeln, nach denen Konstruktionen bzw. Ausdrücke aus einem zu Grunde liegenden Stamm von Zeichen oder Worten gebildet werden dürfen.

   C Die Syntax jeder Programmiersprache beschreibt folgende Konstrukte: Variablen, Konstanten, Operatoren, Ausdrücke, Anweisungen, Anweisungsblöcke mit Anweisungsfolgen, Alternativen und Zyklen.

   D Die Syntax einer Programmiersprache beschreibt folgende Konstrukte: ganze Zahlen, gebrochene Zahlen, Zeichen, Zeichenketten, logische Variablen.

2. Was versteht man unter der **Semantik** einer Programmiersprache?

   A Die Semantik einer Programmiersprache beschreibt folgende Konstrukte: ganze Zahlen, gebrochene Zahlen, Zeichen, Zeichenketten, logische Variablen.

   B Die Bedeutung eines speziellen Symbols in einer Programmiersprache nennt man dessen Semantik.

   C Semantik nennt man allgemein die Theorie von der Bedeutung der Zeichen oder Symbole.

   D Programmiersprachen sind formale Sprachen. Unter der Semantik einer formalen Sprache versteht man ein System von Regeln, nach denen Konstruktionen bzw. Ausdrücke aus einem zu Grunde liegenden Stamm von Zeichen oder Worten gebildet werden dürfen.

3. Was ist die Bachus-Naur-Form?

   A Durch die Bachus-Naur-Form ist es möglich, die Syntax einer Programmiersprache formal exakt, also ohne die Ungenauigkeiten natürlicher Sprachen, darzustellen.

   B Struktogramme zur Darstellung von Algorithmen werde auch als Backus-Naur-Form bezeichnet.

   C Die Bachus-Naur-Form (kurz: BNF) ist eine kompakte formale Metasprache unter Verwendung folgender Symbole: Klammern, Listentrennzeichen, Striche und Wiederholungszeichen [ ]; { }; |; … .

   D Die Bachus-Naur-Form ist eine Programmiersprache als Metasprache für alle Sprachen der dritten Generation.

4. In der Bachus-Naur-Form sind folgende Konstrukte definiert:

   A ziffer_ohne_null = „1“ | „2“ | „3“ | … | „9“

   B ziffer = „0“ | ziffer_ohne_null

   C ziffernfolge = ziffer | ziffer ziffernfolge

   D ganze_zahl = [„-“] ziffer_ohne_null [ziffernfolge] | „0“

b) Prüfen Sie, ob diese Notation geeignet ist, um folgende Zahlen abzubilden

Nr.	Zahl	Eignung der Notation mit Begründung
1	**200**	
2	**-450**	
3	**0**	
4	**+35**	
5	**0,19**	
6	**-0**	

4.10 Entwicklungsumgebung

Ordnen Sie den Erklärungen die folgenden Begriffe richtig zu. Verwenden Sie die jeweiligen Ziffern der Begriffe.

1 Assembler
2 Compiler
3 Debugger
4 Disassembler
5 Editor
6 Interpreter
7 Präprozessor
8 Precompiler

Nr.	Erklärung
	Übersetzer von einer maschinenorientierten Programmiersprache in eine Maschinensprache
	Das Tool modifiziert vor dem eigentlichen Kompilieren den Quellcode. Mit seiner Hilfe werden weitere Quelltextdateien eingebunden sowie Teile des Codes ignoriert oder ersetzt.
	Das Tool übersetzt ein Programm in der Regel direkt in die Maschinensprache des Zielsystems. Dabei werden verschiedene Optimierungen durchgeführt. Je nach Programmiersprache und Programmierumgebung können mehrere Durchläufe zur Erzeugung des eigentlichen Programms notwendig sein.
	Werden zur Übersetzung eines Quelltextes mehrere Durchläufe benötigt, erfolgt der erste Durchlauf meist von diesem Tool.
	Durch dieses Tool kann ein Programm, das in Maschinensprache vorliegt, in eine Assembler-Notation überführt werden. Dabei werden aber für die Namen der Variablen andere Bezeichner eingesetzt, als ursprünglich verwendet wurden.
	Das Tool übersetzt während der Laufzeit eines Programms den vorhandenen Quelltext „Anweisung für Anweisung“ in eine maschinenverständliche Form, d. h., das Programm wird zeilenweise bearbeitet, wobei jede Zeile einer Syntaxprüfung unterzogen wird.
	Es handelt sich um eine Software zur Bearbeitung von Texten und sie kann daher zur Eingabe von Programmcodes verwendet werden. Tools dieser Art sind auf allen Computerplattformen verfügbar und besitzen unterschiedliche Funktionsausstattungen. Sie unterscheiden sich von einer komfortablen Textverarbeitung, weil sie keine – normalerweise unsichtbaren – Formatierungsanweisungen in den Text einfügen, um ihn in Absätze, Listen, Tabellen usw. zu gliedern.
	Das Tool hilft, Haltepunkte (Breakpoints) im Programm zu setzen, um die Ausführung an bestimmten Stellen anzuhalten. Dort kann man z. B. die Werte von Variablen auf deren Richtigkeit prüfen, den Quellcode ändern, das Programm Zeile für Zeile weiterlaufen lassen oder es erneut starten.

4.11 Modellgetriebene Entwicklung

Der Assistent zur Erstellung von Abfragen unter Microsoft Access liefert ein Beispiel für eine simple, oft bereits unbewusst genutzte Form modellgetriebener Entwicklung. Üblicherweise erstellt man eine Abfrage in der Entwurfsansicht durch Einbeziehung der Tabellen und Ausfüllen der darunterliegenden Tabelle. Häufig nutzt man hierfür statt der Tastatur sogar das unter Microsoft Windows üblich Drag-and-drop mit der Maus.

Neben der Entwurfsansicht gibt es auch die SQL-Ansicht. Wechselt man nach Abschluss der Entwurfsarbeiten in die SQL-Ansicht, so erscheint dort die automatisch generierte SQL-Anweisung zur Realisierung der mittels Drag-and-drop im Modell beschriebenen Abfrage. Das Prinzip funktioniert in beiden Richtungen. Ändert man den Text der SQL-Anweisung, so ändert sich auch das Modell in der Entwurfsansicht und umgekehrt.

- Erproben Sie diesen Zusammenhang auf Basis der folgenden Tabelle **Artikel**.
- Erstellen Sie zuerst die Tabelle und geben Sie die Beispieldaten ein.

- Wechseln Sie danach zu den Abfragen in die SQL-Ansicht und geben die SQL-Anweisung ein.
- Wechseln Sie anschließend in die Entwurfsansicht und überprüfen Sie das dargestellte Modell anhand der SQL- Anweisung.

SQL-Anweisung:

```
SELECT Bezeichnung, Nettopreis FROM Artikel WHERE Nettopreis < 100;
```

Tabelle **Artikel**

Art.-Nr.	Bezeichnung	Nettopreis	MwSt.-Satz	Bestand
100	LCD Monitor 19 Zoll	150,00 €	19%	20
110	USB-Stick 8 GByte	28,00 €	19%	100
200	Lehrbuch Westermann Verlag	22,00 €	7%	10

4.12 Multiple-Choice-Fragen

Markieren Sie die richtigen Antworten zu folgenden Fragen.

1. Welches Tool können Sie bei der Softwareentwicklung von der Quelltexterfassung bis zum Test des Programms nutzen?

   A ERP

   B CAD

   C IDE

   D DBMS

   E CRM

2. Folgende Argumente werden als Vorteile der objektorientierten Programmierung (OOP) gegenüber der prozeduralen Programmierung angeführt. Welche Vorteile bieten objektorientierte Programme **nicht**?

   A Verbesserung der Wartungsmöglichkeit

   B Verbesserung der Performance

   C Verbesserung der Wiederverwendbarkeit

   D Verbesserung der Schutzkonzepte durch Datenkapselung

   E Verbesserung der Strukturierung durch Klassen und Vererbung

3. Welche Aussagen treffen auf Struktogramme zu? Sie

A ... werden dazu verwendet, den Datenfluss eines Prozesses oder einer Tätigkeit wiederzugeben.

B .... sind Instrumente zur Planung und Steuerung von Projekten.

C ... beschreiben die Grundstruktur eines Programms, ohne auf eine bestimmte Programmiersprache einzugehen.

D ... dienen den Netzwerk-Administratoren dazu, die eingesetzte Technik mit Angaben zum Raum und zur IP-Adress-Struktur übersichtlich darzustellen.

E ... sind in der UML genormt.

4. Auf der Suche nach einer geeigneten Programmiersprache haben Sie die Wahl zwischen Sprachen mit Interpreter oder Compiler. Welche der folgenden Aussagen ist korrekt?

A Der Compiler kann logische Fehler finden.

B Beim Interpreter wird das Quellprogramm erst während des Programmlaufs übersetzt.

C Interpreter erfordern längeres Testen.

D Das Ergebnis des Interpreter-Laufs ist das Objektprogramm.

E Compiler erfordern eine längere Programmausführungszeit.

5. Das von Ihnen entwickelte Programm greift auf eine relationale Datenbank zu. Welche der folgenden Sprachen können Sie als Datenbank-Abfragesprache nutzen?

A HTML

B SQL

C Java

D XML

E COBOL

6. Der Entwickler hat in seiner Dokumentation die folgende Grafik abgebildet. Welche der folgenden Aussagen trifft auf diese Grafik zu?

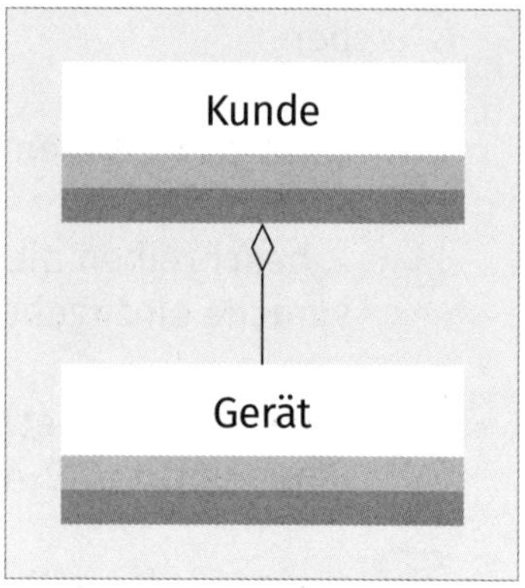

A Bei der Grafik handelt es sich um eine Ablauflogik.

B Die Darstellung stellt eine Aggregation dar.

C Die Darstellung stellt eine Vererbung dar.

D Gerät ist eine Methode von Kunde.

E Die Darstellung ist ein Organigramm einer Firma.

7. Folgendes UML-Klassendiagramm wurde für ein Materialwirtschaftssystem entwickelt. Welche Aussage trifft zu? Die beiden Pfeile in der Abbildung bedeuten, dass

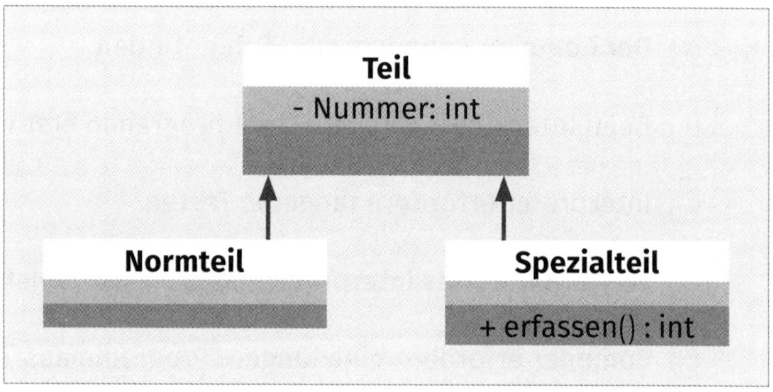

A ... eine Aggregation vorliegt.

B ... eine Komposition dargestellt ist.

C ... nur eine Assoziation besteht.

D ... eine Vererbung dargestellt ist.

E ... die Nachrichten in Pfeilrichtung fließen.

8. Mit welchem Diagrammtyp kann die Ablauflogik einer Methode dargestellt werden?

A Use-Case-Diagramm

B Klassendiagramm

C ER-Diagramm

D Aktivitätsdiagramm

E Sequenzdiagramm

Aufgabe 5: Programmieren in Java und C#

5.1 Grundbegriffe in Java

Ordnen Sie den Erklärungen die folgenden Begriffe richtig zu. Verwenden Sie die jeweiligen Ziffern der Begriffe.

1 Applet
2 Array
3 Byte-Code
4 Datentyp
5 Gültigkeitsbereich
6 Literal

Nr.	Erklärung
	Es sind unveränderliche, namenlose Darstellungen eines Wertes. Es gibt die vordefinierten Werte wie „null", „true" und „false", aber auch die frei einzugebenden Zahlenwerte gehören dazu.
	... bedeutet „kleine Applikation". Es ist ein kleines Programm, geschrieben in Java und zum Byte-Code compiliert, das in einem Webbrowser läuft. Es wird innerhalb der HTML-Seite über das HTTP-Protokoll übertragen und dann auf dem Rechner des Anwenders ausgeführt, wobei der Webbrowser über eine virtuelle Java-Maschine (JVM) verfügen muss, was standardmäßig gegeben ist.
	Beim Übersetzen eines Quelltextes der Programmiersprache Java wird nicht direkt Maschinencode erstellt, sondern ein Zwischencode. Dieser Code ist in der Regel maschinenunabhängig und im Vergleich zum Quelltext kompakt und schwerer zu manipulieren.
	... legt bei einer Variablen oder Konstanten deren Wertebereich sowie die Größe des bereitzustellenden Speicherplatzes fest und bestimmt die Operationen und Funktionen, die für Variablen oder Konstanten dieser Art angewendet werden können.
	Wird in einem Anweisungsblock z. B. eine Variable deklariert, verliert diese Variable mit der schließenden geschweiften Klammer des Blocks ihre Gültigkeit.
	... ist eine Liste von aneinandergehängten gleichartigen Variablen. So werden z. B. mehrere Variablen vom Typ Integer miteinander bzw. hintereinander gespeichert.

5.2 Grundbegriffe in C#

Ordnen Sie den Erklärungen die folgenden Begriffe richtig zu. Verwenden Sie die jeweiligen Ziffern der Begriffe.

1 Assembly
2 Array
3 Common Intermediate Language
4 Datentyp
5 Gültigkeitsbereich
6 Literal

Nr.	Erklärung
	Es sind unveränderliche, namenlose Darstellungen eines Wertes. Es gibt die vordefinierten Werte wie „null", „true" und „false", aber auch die frei einzugebenden Zahlenwerte gehören dazu.

(Fortsetzung auf S. 62)

(Fortsetzung von S. 61)

Nr.	Erklärung
	.... sind die Grundbausteine von .NET-Framework-Anwendungen. Sie bilden die Basiseinheit für Weitergabe, Versionskontrolle, Wiederverwendung, Aktivierungs-Scoping und Sicherheitsberechtigungen. .... ist eine Auflistung von Typen und Ressourcen, die so erstellt wurden, dass sie zusammenarbeiten und eine logische funktionelle Einheit bilden. .... stellt der Common Language Runtime die für das Erkennen von Typimplementierungen erforderlichen Informationen zur Verfügung. Für die Common Language Runtime sind Typen nur im Kontext .... vorhanden.
	Bei der Kompilierung von Quellcode aus .NET-Sprachen wird nicht direkt systemeigener Programmcode erzeugt, sondern in einem ersten Schritt zunächst .... In .... werden die Programmbefehle als eine Folge von Bytewerten angegeben. Dieser Code wird auf dem Ausführungsrechner in einem Laufzeitsystem zu nativem Maschinencode übersetzt und ausgeführt.
	.... legt bei einer Variablen oder Konstanten deren Wertebereich sowie die Größe des bereitzustellenden Speicherplatzes fest und bestimmt die Operationen und Funktionen, die für Variablen oder Konstanten dieser Art angewendet werden können.
	Wird in einem Anweisungsblock z. B. eine Variable deklariert, verliert diese Variable mit der schließenden geschweiften Klammer des Blocks ihre Gültigkeit.
	.... ist eine Liste von aneinandergehängten gleichartigen Variablen. So werden z. B. mehrere Variablen vom Typ Integer miteinander bzw. hintereinander gespeichert.

5.3 Code-Review

Studieren Sie folgenden Programmquelltext und ermitteln Sie seine Funktionalitäten. Was wurde vom Quelltextgenerator erzeugt? Welche Besonderheiten im Quelltext erkennen Sie? Was müssen Sie als Anwendungsentwickler noch programmieren?

```
public class frmHauptmenue extends javax.swing.JFrame {

/** Creates new form frmHauptmenue */
public frmHauptmenue() {
I      initComponents();
}

/** This method is called from within the constructor to
*        initialize the form.
*        WARNING: Do NOT modify this code. The content of this method is
*        always regenerated by the Form Editor.
*/

private void initComponents() {
         btnArtikelverwaltung = new javax.swing.JButton();
         btnKundenverwaltung = new javax.swing.JButton();
         btnProgrammbeenden = new javax.swing.JButton();
         jLabel1 = new javax.swing.JLabel();
```

```
setDefaultCloseOperation(javax.swing.WindowConstants.EXIT_ON_CLOSE);
btnArtikelverwaltung.setText("Artikelverwaltung");
btnArtikelverwaltung.addMouseListener(new java.awt.event.MouseAdapter() {
public void mouseClicked(java.awt.event.MouseEvent evt) {
btnArtikelverwaltungMouseClicked(evt);
}
});

btnKundenverwaltung.setText("Kundenverwaltung");
btnKundenverwaltung.addMouseListener(new java.awt.event.MouseAdapter() {
public void mouseClicked(java.awt.event.MouseEvent evt) {
btnKundenverwaltungMouseClicked(evt);
}
});

btnProgrammbeenden.setText("Programm beenden");
btnProgrammbeenden.addMouseListener(new java.awt.event.MouseAdapter() {
public void mouseClicked(java.awt.event.MouseEvent evt) {
btnProgrammbeendenMouseClicked(evt);
}
});

jLabel1.setFont(new java.awt.Font("Tahoma", 1, 14));
jLabel1.setText("ACI Webshop Admintool 1.0");

javax.swing.GroupLayout layout = new javax.swing.GroupLayout(getContentPane());
getContentPane().setLayout(layout);
layout.setHorizontalGroup( layout.createParallelGroup(
                           javax.swing.GroupLayout.Alignment.LEADING)
.addGroup(layout.createSequentialGroup()
.addContainerGap()
.addGroup(layout.createParallelGroup(javax.swing.GroupLayout.Alignment.LEADING)
.addComponent(jLabel1)
.addGroup(layout.createParallelGroup(javax.swing.GroupLayout.Alignment.TRAILING,
false)
.addComponent(btnArtikelverwaltung, javax.swing.GroupLayout.Alignment.LEADING, javax.
swing.GroupLayout.DEFAULT_SIZE, javax.swing.GroupLayout.DEFAULT_SIZE, Short.MAX_VALUE)
.addComponent(btnKundenverwaltung, javax.swing.GroupLayout.Alignment.LEADING, javax.
swing.GroupLayout.DEFAULT_SIZE, javax.swing.GroupLayout.DEFAULT_SIZE, Short.MAX_VALUE)

.addComponent(btnProgrammbeenden, javax.swing.GroupLayout.Alignment.LEADING, javax.
swing.GroupLayout.DEFAULT_SIZE, javax.swing.GroupLayout.DEFAULT_SIZE,
Short.MAX_VALUE)))

.addContainerGap(23, Short.MAX_VALUE))
);
layout.setVerticalGroup( layout.createParallelGroup(javax.swing.
                                                    GroupLayout.Alignment.LEADING)
.addGroup(layout.createSequentialGroup()
.addGap(7, 7, 7)
.addComponent(jLabel1)
.addPreferredGap(javax.swing.LayoutStyle.ComponentPlacement.RELATED)
.addComponent(btnArtikelverwaltung)
.addPreferredGap(javax.swing.LayoutStyle.ComponentPlacement.RELATED)
.addComponent(btnKundenverwaltung)
```

(Fortsetzung auf S. 64)

(Fortsetzung von S. 63)

```
         .addPreferredGap(javax.swing.LayoutStyle.ComponentPlacement.RELATED)
         .addComponent(btnProgrammbeenden)
         .addContainerGap(javax.swing.GroupLayout.DEFAULT_SIZE, Short.MAX_VALUE))
         );

         pack();
}

private void btnProgrammbeendenMouseClicked(java.awt.event.MouseEvent evt) {
        event_btnProgrammbeendenMouseClicked this.setVisible(false);
}

private void btnKundenverwaltungMouseClicked(java.awt.event.MouseEvent evt){
        frmKundenliste objfkl = new frmKundenliste();
        objfkl.setVisible(true);
}
private void btnArtikelverwaltungMouseClicked(java.awt.event.MouseEvent evt){
        frmArtikelliste objfal = new frmArtikelliste();
        objfal.setVisible(true);
}
/**
* @param args the command line arguments
*/
public static void main(String args[]) {
       java.awt.EventQueue.invokeLater(new Runnable() {
       public void run() {
       new frmHauptmenue().setVisible(true);
       }
       });
}

private javax.swing.JButton btnArtikelverwaltung;
private javax.swing.JButton btnKundenverwaltung;
private javax.swing.JButton btnProgrammbeenden;
private javax.swing.JLabel jLabel1;
}
```

5.4 Codierung (Beispiel 1)

Grundlage für das rechts dargestellte Menü ist der Quelltext auf der folgenden Seite.

Studieren Sie diesen Programmquelltext und ergänzen Sie die Auslassungen, die mit einer Linie gekennzeichnet sind.

Diskutieren Sie die Bedeutung der nachzutragenden Programmzeilen für die gesamte Funktionalität.

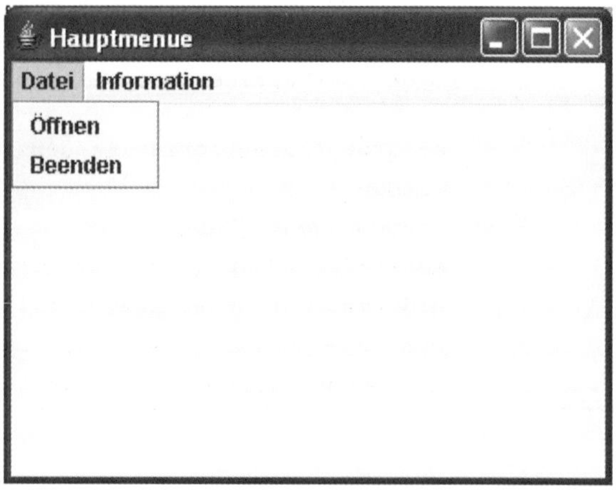

```
/** This method initializes this
* @return void
*/
private void initialize() {
            this.setSize(334, 257);
            this.setJMenuBar(getJJMenuBar());
            this.setBackground(new java.awt.Color(250,100,0));
            this.setTitle("Hauptmenue");
}

/** This method initializes jContentPane
* @return javax.swing.JPanel
*/
__________________________________________  {
            if (jContentPane == null) {
                    jContentPane = new JPanel(); jContentPane.setLayout(new BorderLayout());
            }
            return jContentPane;
}

/** This method initializes jJMenuBar
* @return javax.swing.JMenuBar
*/
private JMenuBar getJJMenuBar() {
          if (jJMenuBar == null) {
              jJMenuBar = new JMenuBar();
              jJMenuBar.add(getDatei());
              jJMenuBar.add(getInfo());
          }
_________________________________________
          }



/** This method initializes Datei
* @return javax.swing.JMenu
*/
private JMenu getDatei() {
    if___________________________________{
       Datei = new JMenu();
       Datei.setText("Datei");
       Datei.add(getÖffnen());
       Datei.add(getBeenden());
   }
   return Datei;
}

/** This method initializes Info
* @return javax.swing.JMenu
*/
private JMenu getInfo() {

_____________;
```

(Fortsetzung auf S. 66)

(Fortsetzung von S. 65)

```
__________________________________________;
__________________________________________;
__________________________________________;
__________________________________________;
    }
    return Info;
}

/** This method initializes Beenden
* @return javax.swing.JMenuItem
*/
private JMenuItem getBeenden() {
        if (Beenden == null) {
               Beenden = new JMenuItem()
               __________________;
        }
return Beenden;
}

/** This method initializes Öffnen
* @return javax.swing.JMenuItem
*/

private JMenuItem getÖffnen() {
         if (Öffnen == null) {
              Öffnen = new JMenuItem();
              Öffnen.setText("Öffnen");
         }

}

/** This method initializes about
* @return javax.swing.JMenuItem
*/
private JMenuItem getAbout() {
__________________________________________  { if (about == null) {
         about = new JMenuItem(); about.setText(„Autor“);
         }
         return about;
}

/** This method initializes Version
* @return javax.swing.JMenuItem
*/
private JMenuItem getVersion() {
         if (Version == null) {
         ________________________________;
         ________________________________;
         }
         return Version;}
}
```

5.5 Codierung (Beispiel 2)

Es sollen aus einem Feld der maximale und der minimale Wert ermittelt werden. Außerdem soll die Summe aller Werte ermittelt und ausgegeben werden. Grundlage ist der folgende Quelltext.

Studieren Sie diesen Programmquelltext und ergänzen Sie die Auslassungen, die mit einer Linie gekennzeichnet sind.

```
using System;


namespace Aufgabe {
    class Program {
        static int anzahl = 10;
        static private int[] arr = new int[anzahl];
        static private Random rnd = new Random();

        static void Main(string[] args) {
            for (int i = 0; i < anzahl; i++) {
                arr[i] = rnd.Next(1000);
            }

            int min = _________
            int max = _________
            int sum = _________
            int x = _____
            while(_________) {
                sum = ____________
                if (_________) {
                    min = arr[x];
                }
                if (__________) {
                    max = arr[x];
                }
                _____________
            }
            Console.WriteLine("Maximum:" _________);
            Console.WriteLine("Minimum:" _________);
            Console.WriteLine("Summe:" _________);
            Console.WriteLine("Drücken Sie zum Beenden eine beliebige Taste ...");
            Console.ReadKey();
        }
    }
}
```

5.6 Codierung (Beispiel 3)

Studieren Sie folgenden Programmquelltext und ermitteln Sie seine Funktionalitäten.
Was kann optimiert werden?

```
using System;

namespace ConsoleApp7 {
    class Program {

        static private int anzahl = 10;
        static private int[] feld = new int[anzahl];
        static private Random rnd = new Random();

        static void Main(string[] args) {
            Methode1();
            Methode2();
            Methode3();
            Methode2();

            Console.WriteLine(„Drücken Sie zum Beenden eine beliebige Taste ...");
            Console.ReadKey();
        }

        static void Methode1() {
            for (int i = 0; i < anzahl; i++) {
                feld[i] = rnd.Next(100);
            }
        }

        static void Methode2() {
            for (int i = 0; i < anzahl; i++) {
                Console.Write(feld[i] + " ");
            }
            Console.WriteLine();
            Console.WriteLine();
        }

        static void Methode3() {
            int temp = 0;
            for (int i = 0; i < anzahl; i++) {
                for (int j = 0; j < anzahl - 1; j++) {
                    if (feld[j] > feld[j+1]) {
                        temp = feld[j];
                        feld[j] = feld[j+1];
                        feld[j + 1] = temp;
                    }
                }
            }
        }

    }
}
```

5.7 Multiple-Choice-Fragen

Markieren Sie die richtigen Antworten zu folgenden Fragen.

1. Welche der nachfolgenden Schlüsselwörter werden in Java und auch in C# verwendet?

   - A final
   - B enum
   - C break
   - D false
   - E namespace

2. Mithilfe welcher Datentypen werden in Java und auch in C# Gleitkommazahlen deklariert?

   - A float
   - B int
   - C char
   - D double
   - E boolean

3. Durch welchen booleschen Operator wird eine Negation dargestellt?

   - A &
   - B ||
   - C &&
   - D >
   - E <
   - F !

4. Welche Schlüsselwörter gehören nicht zu einer Mehrfachauswahl?

   - A while
   - B break
   - C if
   - D switch
   - E default

5. Mit welchen Anweisungen kann der Inhalt einer Variablen um 1 (eins) erhöht werden?

   A M--;

   B M++;

   C M /= 1;

   D M += (2+2) / 4;

   E +M;

   F ++M;

   G M = M + --M;

6. Welcher Block wird immer durchlaufen, egal ob eine Exception auftritt oder nicht?

   A while-Block

   B finally-Block

   C catch-Block

   D if-Block

   E default-Block

7. Welches Zugriffsrecht muss verwendet werden, damit auf die entsprechende Methode ohne Einschränkungen zugegriffen werden kann?

   A private

   B sealed

   C public

   D package

   E protected

8. Welches Schlüsselwort muss in Java in folgendem Quelltext verwendet werden, damit die Klasse B von der Klasse A erbt?

```
public class B ______ A {
...
}
```

A :

B is

C implements

D =

E extends

9. Welches Schlüsselwort muss verwendet werden, um Programmbibliotheken in C# einzubinden?

A include

B using

C import

D use

E package

Aufgabe 6: Datenbankanwendungen

6.1 Entity-Relationship-Diagramm (ERD)

Entity-Relationship-Diagramme kann man mit verschieden Tools erstellen. Ein weitverbreitetes Werkzeug ist Microsoft Viso, womit auch das unten dargestellte ERD „Bestellung“ entstand.

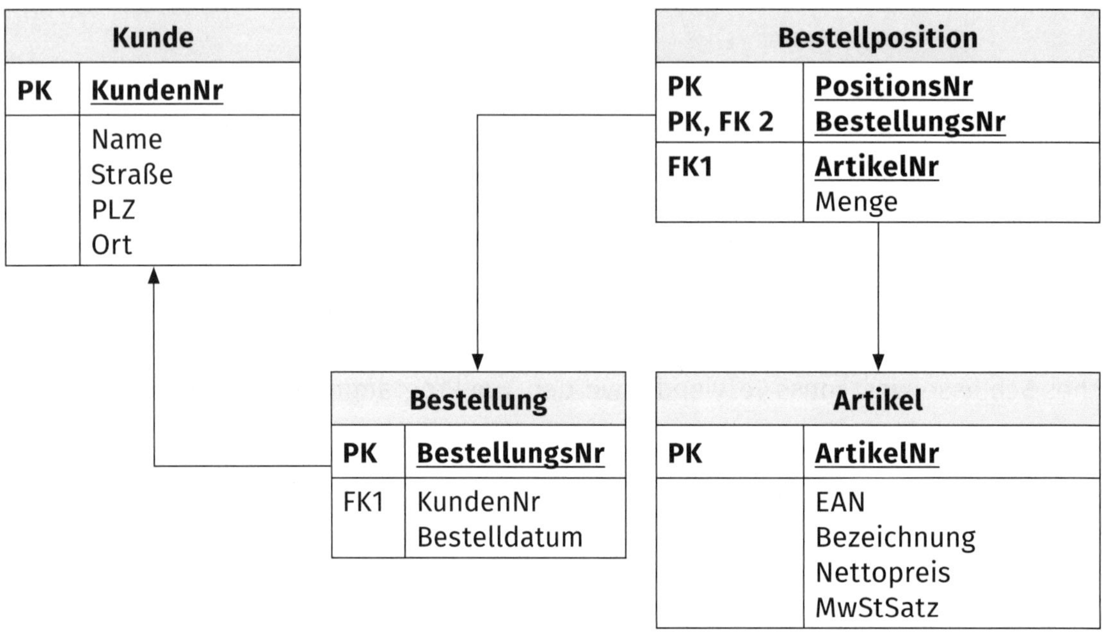

a) Interpretieren Sie das dargestellte Modell. Welche Beziehungen werden hiermit dargestellt?

b) Erstellen Sie mittels Microsoft Visio ein gleichartiges ERD.

6.2 Darstellung des Datenmodells

Diskutieren Sie die Darstellung des ACI-Datenmodells auf folgender Seite unter folgenden Aspekten:

a) Verwendung standardisierter Symbole und Darstellungsmittel

b) Verständlichkeit der Darstellung

c) Verwendete Symbole und deren Erklärung

d) Vollständigkeit der Darstellung

e) Fehler oder Unklarheiten in der Darstellung

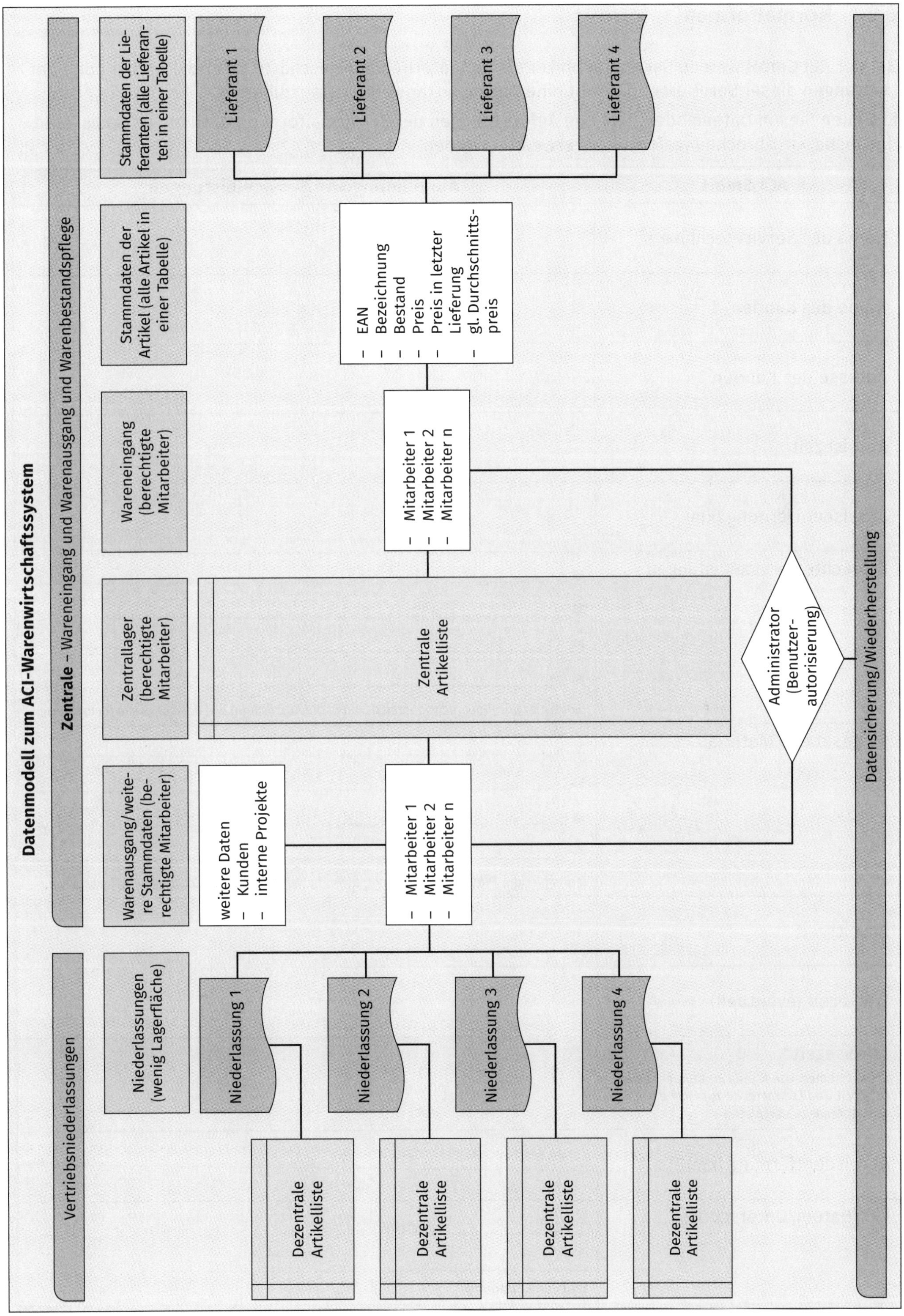
Datenmodell zum ACI-Warenwirtschaftssystem
Vertriebsniederlassungen
Zentrale – Wareneingang und Warenausgang und Warenbestandspflege
Niederlassungen (wenig Lagerfläche)
Warenausgang/weitere Stammdaten (berechtigte Mitarbeiter)
Zentrallager (berechtigte Mitarbeiter)
Wareneingang (berechtigte Mitarbeiter)
Stammdaten der Artikel (alle Artikel in einer Tabelle)
Stammdaten der Lieferanten (alle Lieferanten in einer Tabelle)
Niederlassung 1
Niederlassung 2
Niederlassung 3
Niederlassung 4
Dezentrale Artikelliste
Dezentrale Artikelliste
Dezentrale Artikelliste
Dezentrale Artikelliste
weitere Daten
– Kunden
– interne Projekte
– Mitarbeiter 1
– Mitarbeiter 2
– Mitarbeiter n
Zentrale Artikelliste
– Mitarbeiter 1
– Mitarbeiter 2
– Mitarbeiter n
Administrator (Benutzerautorisierung)
– EAN
– Bezeichnung
– Bestand
– Preis
– Preis in letzter Lieferung
– gl. Durchschnittspreis
Lieferant 1
Lieferant 2
Lieferant 3
Lieferant 4
Datensicherung/Wiederherstellung

6.3 Normalformen

Bei der ACI GmbH werden Servicetechniker als Subunternehmer beschäftigt. Für die Abrechnung der Leistungen dieser Servicetechniker ist eine Datenbankanwendung aufzubauen.

Erstellen Sie ein Datenmodell, das den Anforderungen der 3. Normalform entspricht. Als Basis kann das bisherige Abrechnungsformular verwendet werden.

ACI GmbH	Abrechnung von Serviceleistungen
Name des Servicetechnikers	
Name des Kunden	
Adresse des Kunden	
Anreisezeit	
Anreiseentfernung (km)	
Erbrachte Serviceleistungen	■ ____ ■ ____ ■ ____ ■ ____ *(Falls hier der Platz nicht ausreicht, bitte die Aufzählung auf der Rückseite fortsetzen.)*
Eingesetztes Material	■ ____ ■ ____ ■ ____ ■ ____ *(Falls hier der Platz nicht ausreicht, bitte die Aufzählung auf der Rückseite fortsetzen.)*
Arbeitszeit	
Wartezeit (eventuell)	
Abreisezeit* *(* bei Fahrten von Kunde zu Kunde ist die Fahrzeit und Fahrstrecke zur Hälfte auf An- und Abreise zu verteilen.)*	
Abreiseentfernung (km)	
Ort/Datum/Unterschrift:	____, den ____ ____ *(Vor- und Zuname)*

6.4 SQL-Anweisungen

Zur Verwaltung des Inventars in der ACI GmbH existiert eine einfache Datenbankanwendung mit folgender Tabellenstruktur:

Standort	
PK	**StKurz**
	Bezeichnung PLZ Ort Straße

Inventarobjekt	
PK	**Inventarnummer**
FK1	Bezeichnung Neupreis Anschaffungsdatum Nutzungsdauer StKurz Kostenstelle

Kostenstelle	
PK	**Kostenstelle**
	Bezeichnung Verantwortlicher

Zur Illustration des Datenbestandes dient folgende Tabelle:

Inventar-nummer	Bezeichnung	Anschaf-fungs-preis	Anschaf-fungs-datum	normative Nutzungszeit in Jahren	Standort	Kostenstelle
1000	Personalcomputer	800,00 €	30.12.17	4	Eppendorf	Entwicklung
1001	Beamer	400,00 €	10.01.18	4	Eppendorf	Service
1002	Weißwandtafel	160,00 €	30.12.17	6	Eppendorf	Service
1003	Stuhl	45,00 €	30.12.17	6	Eppendorf	Entwicklung
1004	Arbeitstisch	120,00 €	30.12.17	6	Eppendorf	Entwicklung
1005	Beamer	120,00 €	31.01.18	4	Frankfurt	Service
1006	Weißwandtafel	200,00 €	31.05.18	6	Frankfurt	Service
1007	Personalcomputer	800,00 €	31.05.18	4	Frankfurt	Service
1008	Arbeitstisch	430,00 €	31.05.18	6	Frankfurt	Vertrieb
1009	Personalcomputer	500,00 €	30.06.18	4	Eppendorf	Vertrieb

Erstellen Sie auf dieser Datenbasis SQL-Anweisungen zu folgenden Aufgaben:

a) Wie ist ein neuer Arbeitstisch für den Standort Frankfurt mit heutigem Anschaffungsdatum, einer geplanten Nutzungsdauer von 6 Jahren und einem Neupreis von 450,00 € als Inventarobjekt für den Bereich Vertrieb zu erfassen?

b) Versetzen Sie das Inventarobjekt 1007 (Personalcomputer) vom Service in Frankfurt zum Service in Eppendorf.

c) Für alle Personalcomputer im Bereich Entwicklung wird der Arbeitsspeicher aufgerüstet. Dadurch steigt deren Neupreis um 100,00 €.

d) Wie kann der Restwert bei linearer Abschreibung für alle Inventarobjekte ermittelt werden?

e) Wie viele Inventarobjekte befinden sich an den jeweiligen Standorten?

(Fortsetzung auf S. 76)

(Fortsetzung von S. 75)

f) Wie viel gebundenes Kapital (als Summe der Anschaffungspreise) wird durch die jeweiligen Kostenstellen verwaltet?

g) Zeigen Sie alle Inventarobjekte aus dem Jahre 2017 an (Anschaffungsdatum).

h) Zeigen Sie für jedes Inventarobjekt das Alter in Tagen, Monaten und Jahren an.

i) Ordnen Sie ab heute den Bereichen/Kostenstellen „Entwicklung" an allen Standorten neue Telefone zum Neupreis von 250,00 € zu.

6.5 Abfragearten mit Microsoft Access

Microsoft Access kennt spezielle Abfragearten. Ordnen Sie diesen Abfragearten die passenden SQL-Anweisungen zu.

Abfrageart in Microsoft Access	SQL-Anweisung
Auswahlabfrage	
Anfügeabfrage	
Aktualisierungsanfrage	
Löschabfrage	
Auswahlabfrage mit Kalkulation (Σ-Summenzeichen)	

6.6 Multiple-Choice-Fragen

Markieren Sie die richtigen Antworten zu folgenden Fragen.

1. Was wird durch folgendes Symbol dargestellt?

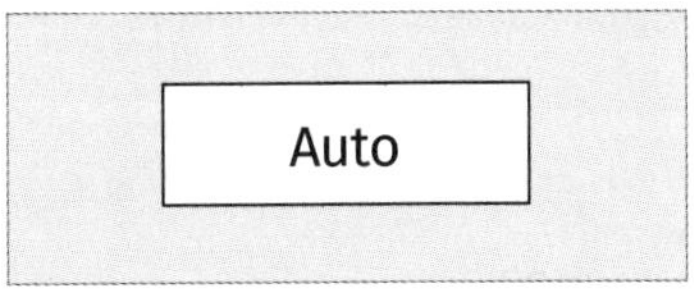

A Entität „Auto“

B Attribut

C Entitätstyp „Auto“

D Beziehung

E Kardinalität

2. Zwischen welchen Entitäten besteht **keine** m-n-Beziehung?

A Kunde – Rechnung

B Artikel – Kunde

C Spiel – Mannschaft

D Mitarbeiter – Projekt

E Schüler – Fach

3. Welche Aussagen treffen auf folgendes ER-Modell **nicht** zu?

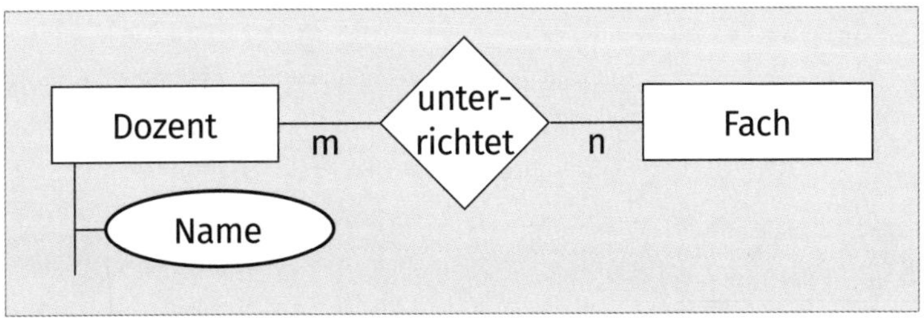

A Ein Dozent unterrichtet mehrere Fächer.

B Ein Fach wird nur von einem Dozenten unterrichtet.

C Dozent ist ein Attribut von Fach.

D Ein Fach kann von mehreren Dozenten unterrichtet werden.

E Name ist ein Attribut von Dozent.

4. Mit welchem Schlüsselwort beginnt eine SQL-Abfrage?

A READ

B SELECT

C GIVE

D ERMITTLE

E CALCULATE

5. Mit welchem Befehl wird die Ergebnismenge einer SQL-Abfrage sortiert?

A SORT

B SORT BY

C GROUP BY

D ORDER

E ORDER BY

6. Welcher SQL-Befehl ist **keine** SQL-Aggregatfunktion?

A COUNT

B CALC

C SUM

D MIN

E AVG

7. Welche SQL-Befehle werden **nicht** zur Manipulation von Tabellen verwendet?

A CREATE TABLE

B DROP TABLE

C SELECT Table

D DROP DATABASE

E INSERT INTO

8. Was bewirkt folgende SQL-Anweisung?

```
UPDATE Mitarbeiter SET TelNr = NULL
```

A Schreibt eine „0“ in die Spalte TelNr.

B Ermittelt die TelNr von allen Mitarbeitern.

C Löscht die TelNr von allen Mitarbeitern.

D Löscht alle Mitarbeiter.

E Schreibt das Wort „NULL“ in die Spalte TelNr.

Aufgabe 7: Web-Anwendungen

7.1 WebService

Ordnen Sie den Definitionen die folgenden Begriffe richtig zu. Verwenden Sie die jeweiligen Ziffern der Begriffe.

1 Deployment
2 EAI
3 HTML
4 HTTP
5 SOAP
6 UDDI
7 URL
8 WSDL
9 XML

Nr.	Definition
	... ist ein standardisiertes Austauschformat für den Datenaustausch zwischen den Applikationen.
	... ist das am weitesten verbreitete Transportprotokoll für den Versand von XML-Nachrichten oder HTML-Dateien.
	... ist die standardisierte Form der Adressierung von Ressourcen.
	Dieses Protokoll für den Austausch von Nachrichten ist am besten vergleichbar mit einem klassischen Brief. Es umfasst die Adressaten (URL) und den Inhalt der Nachricht.
	... ist das zentrale Verzeichnis (registry) der angebotenen WebServices. Der Client kann dieses Verzeichnis automatisiert durchsuchen, um festzustellen, welcher Anbieter (an welcher URL) den gesuchten Service anbietet.
	In dieser Sprache erfolgt eine Beschreibung des bereitgestellten Dienstes, d.h., wie sind die bereitgestellten Daten strukturiert, welches Format wird verwendet; vergleichbar mit dem XML-Schema zur Überprüfung der Validität der XML-Dateien.
	... ist das Übertragen, Bereitstellen und Anmelden der Anwendung beim Server.
	... bezeichnet den Integrationsprozess von mehreren, von einander unabhängig entwickelten Softwaresystemen, die meist auf unterschiedlichen und zum Teil inkompatiblen Technologien beruhen. Das können verschiedene Alt-Systeme (Legacy Systems) in einem Unternehmen sein, aber auch Systeme bei juristisch unabhängigen Anwendern. Diese Technologie soll die Kommunikation zwischen den Prozessen über beliebige Anwendungen und Geschäftsprozesse hinweg ermöglichen.

7.2 HTML

Markieren Sie die richtigen Antworten zu folgenden Fragen.

1. Wofür stehen die vier Buchstaben „HTML" im Zusammenhang mit der Internetnutzung?

   A Hypertext Markup Language
   B High Technology Management Level
   C Hyper Technology manipulation language
   D Hugh Text Management language
   E Hundert Tausend Mögliche Lösungen

Die Fragen 2 bis 4 beantworten sich hier im Text praktisch gegenseitig. Sinnvoll sind derartige Fragen z. B. im Rahmen eines Fragenpools in Moodle für die zufällige Fragenauswahl (siehe Anhang 4).

```
<!DOCTYPE html>
<html>
  <     >
    <title>
      This is a title
    </title>
  </     >
  <body>
    <p>Hello world!</p>
  </body>
</html>
```

2. Welches Schlüsselwort ist in der links sichtbaren Struktur einzutragen, damit es ein gültiges HTML-Dokument wird?

A html

B body

C web

D head

E title

```
<!DOCTYPE html>
<html>
  <head>
    <title>
      This is a title
    </title>
  </head>
  <     >
    <p>Hello world!</p>
  </     >
</html>
```

3. Welches Schlüsselwort ist in der links sichtbaren Struktur einzutragen, damit es ein gültiges HTML-Dokument wird?

A html

B body

C web

D head

E title

```
<!DOCTYPE html>
<html>
  <head>
    <     >
      This is a title
    </     >
  </head>
  <body>
    <p>Hello world!</p>
  </body>
</html>
```

4. Welches Schlüsselwort ist in der links sichtbaren Struktur einzutragen, damit es ein gültiges HTML-Dokument wird?

A html

B body

C web

D head

E title

5. Über welchen Weg (Menüpunkt) kann man in Microsoft Word ein HTML-Dokument erstellen?

   A Datei

   B Bearbeiten

   C Ansicht

   D Favoriten

   E Extras

6. Über welchen Weg (Menüpunkt) kann man im Webbrowser den HTML-Quelltext einer gerade dargestellten Internetseite zur Anzeige bringen?

   A Datei

   B Bearbeiten

   C Ansicht

   D Favoriten

   E Extras

7. Über welchen Weg (Menüpunkt) kann man im Webbrowser eine lokal auf dem Rechner gespeicherte HTML-Datei aufrufen und zur Anzeige bringen?

   A Datei

   B Bearbeiten

   C Ansicht

   D Favoriten

   E Extras

7.3 XML, CSS und PHP

Beantworten Sie folgende Fragen.

1. Wie ist ein XML-Dokument aufgebaut?
2. Wann ist ein XML-Dokument gültig und wohlgeformt?
3. Welche Aufgabe hat ein Parser für XML-Dateien?
4. Wie können Sie in XML-Dateien Formatangaben unabhängig speichern?
5. Wozu dient eine CSS-Datei?
6. Wirkt bei gleichartigen Vorgaben die Stilvorlage in der CSS-Datei oder die Stilvorlage im HEAD-Bereich des HTML-Dokumentes?
7. Ist PHP eine Sprache für den Client oder für den Server?
8. Was ist der Output eines PHP-Programmes?
9. Wann erkennen Sie semantische Fehler in einem PHP-Programm?

7.4 App-Entwicklung

Markieren Sie die richtigen Antworten zu folgenden Fragen.

1. Welches der folgenden Merkmale trifft für eine „native App“ im Zusammenhang mit dem Mobile Computing zu?

A Die native App wird direkt auf dem mobilen Endgerät installiert und nutzt dort alle Ressourcen.

B Die native App wird im Gegensatz zu „echten“ Apps nicht direkt auf dem mobilen Endgerät installiert, sondern jeweils aus dem Internet aufgerufen.

C Die native App sind einfache Daten, die aus dem Internet aufgerufen und direkt auf dem mobilen Endgerät durch den dortigen Browser interpretiert und angezeigt werden.

D Die native App ist eine einfache Anwendung, die direkt auf dem mobilen Endgerät durch den dortigen Browser interpretiert und angezeigt wird.

E Als native App bezeichnet man eine einfache, auf eine Funktion beschränkte Anwendung, die direkt auf dem mobilen Endgerät installiert wird.

2. Welches Merkmal trifft für eine „Web App“ im Zusammenhang mit dem Mobile Computing zu?

A Die Web App wird direkt auf dem mobilen Endgerät installiert und nutzt dort die Verbindung zum Internet.

B Die Web App wird im Gegensatz zu nativen Apps nicht direkt auf dem mobilen Endgerät installiert, sondern jeweils aus dem Internet aufgerufen.

C Die Web App sind Daten, die aus dem Internet aufgerufen und direkt auf dem mobilen Endgerät durch die dortigen Betriebssysteme interpretiert und angezeigt werden.

D Die Web App ist eine einfache Web-Anwendung, die direkt auf dem mobilen Endgerät durch das Betriebssystem angezeigt wird.

E Als Web App bezeichnet man eine einfache, auf eine Funktion beschränkte Anwendung, die direkt auf dem mobilen Endgerät installiert wird.

3. Was bietet ein App-Store an?

A Hard- und Software der Firma Apple Inc.

B Hier bieten Unternehmen die für ihre Plattform (mobile Endgeräte oder Betriebssysteme) entwickelten nativen Apps als installierbare Applikationen an.

C Ursprünglich nur Äpfel, heute werden aber eine breite Palette von Bio-Produkten angeboten.

D Durch einen eigenen App-Store kann jeder Entwickler die von ihm entwickelten Web Apps als installierbare Applikationen verkaufen.

E In einem App-Store kann jeder Nutzer von mobilen Endgeräten alle weltweit entwickelten Apps als installierbare Applikationen kaufen.

7.5 Multiple-Choice-Fragen

Markieren Sie die richtigen Antworten zu folgenden Fragen.

1. Wofür stehen die drei Buchstaben „GPS“ im Zusammenhang mit dem mobilen Computing?

   A Das Global Positioning System (GPS) ist ein globales Satellitensystem zur Positionsbestimmung.

   B Der Geo Positioning Service (GPS) ist ein globales Navigationssystem zur Positionsbestimmung.

   C Der General Posting Service (GPS) ist ein globales Nachrichten-Satellitensystem zur Positionsbestimmung.

   D Der Geo Pooling Service (GPS) ist ein globales System zur Positionsbestimmung und Zeitmessung.

   E Das globale satellitengestützte Orientierungssystem ist benannt nach dem amerikanischen General Georg P. Sattel.

2. Was versteht man bei der Nutzung des Internets unter dem Begriff „request“?

   A Es ist die Anforderung einer Webseite. Die Anfrage wird beim Browser in der Eingabezeile eingegeben.

   B Es ist die Antwort von einem Server. Als Antwort erhalte ich eine Datei, die dann von meinem Browser interpretiert und angezeigt wird.

   C Es ist die Anfrage bei einer Webseite, beispielsweise die Anfrage, ob noch Eintrittskarten für eine Veranstaltung verfügbar sind.

   D Es ist die Rückfrage, mit der ich in besonderen Fällen das Öffnen einer Webseite durch meinen Browser bestätigen muss.

   E Es bezeichnet das Herunterladen von Dateien, z. B. von Vorlesungspräsentationen der Lernplattform Moodle.

3. Was versteht man bei der Nutzung des Internets unter dem Begriff „response“?

   A Es ist die Anforderung einer Webseite. Die Anfrage wird beim Browser in der Eingabezeile eingegeben.

   B Es ist die Antwort von einem Server. Als Antwort erhalte ich eine Datei, die dann von meinem Browser interpretiert und angezeigt wird.

   C Es ist die Anfrage bei einer Webseite, beispielsweise die Anfrage, ob noch Eintrittskarten für eine Veranstaltung verfügbar sind.

   D Es ist die Rückfrage, mit der ich in besonderen Fällen das Öffnen einer Webseite durch meinen Browser bestätigen muss.

   E Es bezeichnet das Herunterladen von Dateien, z. B. von Vorlesungspräsentationen der Lernplattform Moodle.

4. Was versteht man bei der Nutzung des Internets unter dem Begriff „download“?

A Es ist die Anforderung einer Webseite. Die Anfrage wird beim Browser in der Eingabezeile eingegeben.

B Es ist die Antwort von einem Server. Als Antwort erhalte ich eine Datei, die dann von meinem Browser interpretiert und angezeigt wird.

C Es ist die Anfrage bei einer Webseite, beispielsweise die Anfrage, ob noch Eintrittskarten für eine Veranstaltung verfügbar sind.

D Es ist die Rückfrage, mit der ich in besonderen Fällen das Öffnen einer Webseite durch meinen Browser bestätigen muss.

E Es bezeichnet das Herunterladen von Dateien, z. B. von Vorlesungspräsentationen der Lernplattform Moodle.

5. Was versteht man bei der Nutzung des Internets unter dem Begriff „upload“?

A Es ist die Anforderung einer Webseite. Die Anfrage wird beim Browser in der Eingabezeile eingegeben.

B Es ist die Antwort von einem Server. Als Antwort erhalte ich eine Datei, die dann von meinem Browser interpretiert und angezeigt wird.

C Es ist die Anfrage bei einer Webseite, beispielsweise die Anfrage, ob noch Eintrittskarten für eine Veranstaltung verfügbar sind.

D Es ist die Rückfrage, mit der ich in besonderen Fällen das Öffnen einer Webseite durch meinen Browser bestätigen muss.

E Es bezeichnet das Herunterladen von Dateien, z. B. von Vorlesungspräsentationen der Lernplattform Moodle.

6. Welche der folgenden Angaben stellt eine IP-Adresse dar?

A 194.94.23.28

B www.HWR-Berlin.de

C Moritz@web.de

D C:\Ordner\Datei.txt

E <HTML>

7. Welche der folgenden Angaben stellt eine URL dar?

- A 194.94.23.28
- B www.HWR-Berlin.de
- C C:\Ordner\Datei.txt
- D HTML
- E <HTML>

8. Wofür stehen die drei Buchstaben „URL“ im Zusammenhang mit der Internetnutzung?

- A Uniform Resource Locator
- B Universal Root Location
- C User Readable Location
- D Universal Reading language
- E Unix RedHat Linux

9. Wofür stehen die vier Buchstaben „VoIP“ im Zusammenhang mit der Internetnutzung?

- A Voice over Internet Protocol
- B Voice of Internet Phone
- C Voice on International Parquet
- D Very much Object in Process
- E Very One in Phone

Aufgabe 8: Testverfahren

8.1 Matrixmultiplikation

Situation

Ein Auszubildender hat ein Programm zur Multiplikation von zwei Matrizen geschrieben. Matrizen sind Felder von Zahlen mit mehreren Zeilen und Spalten. Die Werte sind zeilenweise jeweils mit den Werten in den Spalten zu multiplizieren und zu summieren. Das kann mit drei ineinander geschachtelten Zyklen realisiert werden.

Nach der Beseitigung aller Syntaxfehler will der Azubi sein Programm erproben. Natürlich muss das Programm auch für große Matrizen funktionieren, also nicht nur für Matrizen mit zwei Zeilen und Spalten. Allerdings ist die Eingabe von 100 Zahlen für den Test einer 10-mal-10er-Matrix etwas mühsam. Als cleverer Programmierer schreibt er schnell ein Programm, dass die Matrizen mit Zufallszahlen füllt. So erhalten die Matrizen A und B jeweils 100 Zufallszahlen.

Danach startet der Azubi den Test. Das Programm rechnet einen kurzen Augenblick, dann erscheinen die Ergebnisse in einer gut strukturierten Anzeige: 10 Zeilen und 10 Spalten mit den Ergebnissen.

Der Azubi freut sich, für ihn war der Test erfolgreich verlaufen.

Aufgabe

Bewerten Sie dieses Testverfahren.

- Kann man mit diesem Testverfahren einverstanden sein?
- Was wurde getestet und was nicht?
- Was hätte man anders machen müssen?

8.2 Testverfahren unterscheiden

Es gibt statische und dynamische Testverfahren. Bei den dynamischen Testverfahren unterscheidet man zwischen den White-Box-Tests und den Black-Box-Tests. Ordnen Sie die folgenden Erklärungen den jeweiligen Verfahren zu.

Erklärung	statisch	White-Box	Black-Box
Bei diesem Verfahren stehen dem Tester Informationen über den internen Aufbau des Testobjekts zur Verfügung. In der Regel stammen solche Informationen aus dem Programmquellcode, so dass dieses Verfahren auch als codebasierter Test bezeichnet wird. Natürlich muss die Spezifikation des Testobjekts vorhanden sein, damit nach der Abarbeitung eines Testfalls das Testergebnis auch in Form eines abschließenden Urteils als bestanden oder verfehlt bestimmt werden kann. Die Testfallableitung orientiert sich bei diesem Verfahren an der Zielstellung, möglichst viele Programmteile durch die Menge an Testfällen abzudecken, d.h., diese Programmteile auszuführen.			
Das Programm muss noch nicht fertig sein. Man kann aber den Quelltext kontrollieren und das Verfahren der Softwareentwicklung selbst überprüfen, denn systematische Arbeit führt zu korrekten Ergebnissen.			
Das Verfahren basiert auf der Idee, dass die Testfälle aus den Programmspezifikationen abgeleitet werden, daher wird hier der Quellcode nicht benötigt. Das Ziel dieses Verfahrens besteht in einer möglichst umfassenden, aber redundanzarmen Prüfung der spezifizierten Funktionalität. Der zukünftige Anwender ist hier ein geeigneter Tester, denn er kennt die geforderte Funktionalität am besten. Das prinzipielle Problem bei diesem Verfahren liegt in der Tatsache begründet, dass der Bereich der möglichen Eingabewerte sehr groß bis unendlich werden kann.			

8.3 White Box

Ordnen Sie den Definitionen die folgenden Begriffe richtig zu. Verwenden Sie die jeweiligen Ziffern der Begriffe.

1 Äquivalenzklassenbildung
2 Audit
3 Inspektionen
4 Review
5 Walkthrough

Nr.	Definition
	... stark formalisiertes Verfahren, bei dem der Programmcode nach genau festgelegter Vorgehensweise durch ein Gutachterteam untersucht wird.
	Um ein Programm vollständig zu testen, müsste man theoretisch alle möglichen Eingabewerte einmal ausprobieren. Das ist prinzipiell nicht möglich. Bei diesem Verfahren findet daher zunächst eine Einteilung der möglichen Eingabewerte in eine endliche Anzahl von Klassen „ähnlicher Werte“ statt, wonach der Test dann exemplarisch mit je einem Vertreter pro Klasse durchgeführt wird. Dieses Verfahren eignet sich zur Herleitung repräsentativer Testfälle und gestattet die Betrachtung von einzelnen Werten. Wechselwirkungen oder Abhängigkeiten werden mit diesem Verfahren jedoch nicht getestet.
	... unstrukturierte Vorgehensweise, wonach der Autor sein Programm in einer Präsentation detailliert vorstellt und die Gruppe oder der Gutachter spontan Fragen stellen.
	... strukturiertere Vorgehensweise, wonach der Autor sein Programm in einer Präsentation detailliert vorstellt und die Gruppe oder der Gutachter Fragen nach einem vorher festgelegten Prüfkatalog stellen.
	Im Vergleich zur Inspektion ist dieses Verfahren weniger formal und durch weniger Aufwand gekennzeichnet. Es bewirkt aber eine etwas geringere Aufdeckungsrate von Fehlern.

8.4 Black Box

Beim Test durch den Anwender oder andere an der Softwareentwicklung nicht beteiligte Personen fallen häufig Probleme mit der Verarbeitung der Eingabe auf. Im Folgenden sind einige typische Eingabeprobleme zusammengestellt. Alle diese Eingabewerte sind prinzipiell zulässig:

Eingabeaufforderung	verschiedene Eingabewerte der Anwender
Geben Sie Ihr Geburtsdatum ein:	„20.10.1998“; „20.10.98“; „10-20-98“; „20. Oktober 1998“; „20. Okt. 1998“
Wie viel Euro kostet die Ware?	„10000“; „10000,00“; „10.000“; „10000 Euro“; „10000 €“
Wie viel Prozent Rabatt wird gewährt?	„5 %“; „5“; „0,05“; „0.05“

a) Was muss man in der Programmierung tun, damit all diese Eingaben korrekt verarbeitet werden?

b) Was ist zu tun, um den Anwender zu einer von Programm als korrekt akzeptierten Eingabe zu bewegen?

8.5 Testdokumentation: Quadratwurzel berechnen

Das Programm soll die **Quadratwurzel** aus einer einzugebenden Zahl berechnen.

a) Erstellen Sie das Programm. Es kann auch als einfache Konsolenanwendung (DOS-Fenster) realisiert werden.

b) Bestimmen Sie Testdaten und protokollieren Sie die Testdurchführung in folgendem Protokoll. Bei der Testdatenbestimmung denken Sie bitte an die Äquivalenzklassenbildung sowie an die Extrem- und Grenzwerte. Vergessen Sie nicht, vor Testbeginn die Hypothesen zum Ergebnis einzutragen. Dazu können Sie Ihren Taschenrechner nutzen.

Bei negativ verlaufendem Test bitte ausfüllen:

Dokumentation für den Anwendertest

Datum: __.__.____ Uhrzeit: __:__ Uhr

- Aufsicht: __________
- Tester: __________
- Verwendetes Testskript: __________
- Testszenarien: Quadratzahlen, natürliche Zahlen, echte Dezimalzahlen, Null, negative Zahlen, Zeichenketten, Zahlen mit Dezimalpunkt etc.

Nr.	Konkrete Testdaten/Eingabe	Hypothese zum Ergebnis/Ausgabe	Erfolg	Fehler
1	144	12	**X**	
2				
3				
4				
5				
6				
7				
8				
9				
10				

Korrekturhinweise:

Bei positiv verlaufendem Test bitte ausfüllen:

Anzahl der positiv verlaufenden Tests:	
Unterschrift des Testers	*Unterschrift der Aufsicht*

8.6 Testdokumentation: Datumsdifferenz berechnen

Das folgende Programm soll die **Anzahl der Tage zwischen zwei Datumsangaben** berechnen.

a) Erstellen Sie das Programm. Es kann auch als einfache Konsolenanwendung (DOS-Fenster) realisiert werden.

b) Bestimmen Sie Testdaten und protokollieren Sie dann die Testdurchführung in folgendem Protokoll. Bei der Testdatenbestimmung denken Sie bitte an die Äquivalenzklassenbildung sowie an die Extrem- und Grenzwerte. Vergessen Sie nicht vor Testbeginn die Hypothesen zum Ergebnis einzutragen. Dazu können Sie Ihren Taschenrechner, Microsoft Excel oder einen Kalender nutzen.

Bei negativ verlaufendem Test bitte ausfüllen:

Dokumentation für den Anwendertest

Datum: __.__.____ Uhrzeit: __:__ Uhr

- Aufsicht: __________
- Tester: __________
- Verwendetes Testskript: __________
- Testszenarien: Datumsdifferenz innerhalb eines Monats, Differenz über den Monatswechsel, Differenz über den Jahreswechsel usw.

Nr.	Konkrete Testdaten/Eingabe		Hypothese zum Ergebnis/Ausgabe	Erfolg	Fehler
	Anfangsdatum	Enddatum			
1	01.01.20xx	15.01.20xx	15	X	
2					
3					
4					
5					
6					
7					
8					
9					
10					

Korrekturhinweise:

Bei positiv verlaufendem Test bitte ausfüllen:

Anzahl der positiv verlaufenden Tests:	
Unterschrift des Testers	*Unterschrift der Aufsicht*

8.7 Multiple-Choice-Fragen

Markieren Sie die richtigen Antworten zu folgenden Fragen!

1. Mit welchem Testverfahren können Sie den Fehler in einem Programmablaufplan (PAP) finden?

   A Performance-Test

   B Abnahmetest

   C Schreibtischtest

   D Anweisungsüberdeckungstest

   E Black-Box-Test

2. Welche Aussage trifft auf einen Schreibtischtest zu? Der Schreibtischtest

   A ... kann ohne Computer durchgeführt werden.

   B ... bezeichnet eine Methode des Softwaretests, bei der die Tests ohne Kenntnisse über die innere Funktionsweise des zu testenden Systems entwickelt werden.

   C ... ist ein Verfahren, mit dem die Korrektheit von Programmen nachgewiesen wird.

   D ... bezeichnet eine Methode des Softwaretests, bei der die Tests zu einem Zeitpunkt an zwei vergleichbaren Punkten stattfinden.

   E ... gehört zur Klasse der Black-Box-Tests.

3. Welche Aussagen treffen auf einen Debugger zu? Ein Debugger

   A ... benötigt sogenannte „Haltepunkte“, die schon bei der Programmierung in das Programm eingebaut wurden.

   B ... benötigt ein System mit mindestens zwei Prozessoren.

   C ... ermöglicht die Analyse von Speicherinhalten, aber nicht von Prozessorregistern.

   D ... ist häufig Bestandteil einer Programmierumgebung.

   E ... kann nur Assemblercode analysieren.

4. Welchen Fehler kann ein Debugger nicht erkennen?

A Endlosschleife aufgrund einer nicht erfüllbaren Bedingung

B fehlende Klammer in einem arithmetischen Ausdruck

C nicht kompatible Datentypen bei einer Wertzuweisung

D unzulässiges Zeichen in einem Variablennamen

E nicht vereinbarter Variablenname

5. Die ACI GmbH legt hohen Wert auf das Testen ihrer Software durch den zukünftigen Anwender. Dabei soll der Black-Box-Test eingesetzt werden. Welche Tests können **nicht** als Black-Box-Test durchgeführt werden?

A Überdeckungstest

B Funktionstest

C Schreibtischtest

D Performance-Test

E Systemtest

6. Bei der Übersetzung zeigt der Compiler Fehler an. Um welchen Fehlertyp handelt es sich?

A Eingabefehler

B Laufzeitfehler

C Hardwarefehler

D Syntaxfehler

E Logikfehler

7. Welche Aussage trifft auf einen Black-Box-Test zu? Der Test

A ... prüft allein die Funktion der Software.

B ... ermöglicht die Verfolgung der einzelnen Programmschritte.

C ... kann bereits in frühen Entwicklungsstadien anhand einer Quelltextanalyse durchgeführt werden.

D ... kann zur Prüfung der Syntax eines bestimmten Softwaremoduls genutzt werden.

E ... garantiert bei erfolgreicher Durchführung die Fehlerfreiheit der Software.

Aufgabe 9: Dokumentation

9.1 Bestandteile der Dokumentation

Ordnen Sie die folgenden Teile der Dokumentation den unten stehenden Mitarbeitergruppen zu:

1 Benutzerhandbuch
2 Installationshinweise
3 Programmquelltexte
4 Testdokumentation
5 Systemdokumentation
6 Marketingmaterial
7 Problemdokumentation

Mitarbeitergruppe bzw. Benutzergruppe	Notwendiger Zugriff auf Teile der Dokumentation (auch mehrere Teile können notwendig sein)						
	1	2	3	4	5	6	7
Anwender, Benutzer, User							
Technisches Personal							
Prüfer, Softwareprüfer, externer Prüfer							
Mitarbeiter der Softwarewartung							
Vertriebsmitarbeiter, Verkäufer							
Softwareentwickler							
Kunde, Käufer der Software							

9.2 Dokumentation mit Javadoc erstellen

Zur automatischen Erstellung einer Dokumentation aus Java-Quelltexten steht das Tool Javadoc zur Verfügung. Aus den speziellen, dokumentierenden Kommentaren erzeugt das Tool HTML-Seiten. Innerhalb eines dokumentierenden Kommentars können HTML-Tags verwendet werden, um die Texte der HTML-Seiten speziell zu formatieren. Ferner gibt es eine Reihe von vorgefertigten Javadoc-Tags, die weitere Features in die HTML-Seiten integrieren. Javadoc-Tags beginnen mit dem Zeichen @.

Erklären Sie die Verwendung der folgenden Javadoc-Tags.

Javadoc-Tag	Erläuterung zur Verwendung
@author Name	
@version Version	

Javadoc-Tag	Erläuterung zur Verwendung
@since jdk-Version	
@see Reference	
@param Name Beschreibung	
@return Beschreibung	
@exception Klassenname Beschreibung	
@throws Klassenname Beschreibung	

9.3 Arbeit mit Dokumentationen

Beantworten Sie folgende Fragen.

1. Erklären Sie die Arbeitsweise mit einer Formulardokumentation.
2. Erläutern Sie, warum man die Dokumentation als kollektives Gedächtnis der Entwickler verstehen sollte.
3. Erläutern Sie, warum die Dokumentation als Kommunikationsmittel der Entwickler anzusehen ist.

9.4 Multiple-Choice-Fragen

Markieren Sie die richtigen Antworten zu folgenden Fragen.

1. Das gesuchte Dokument enthält eine Gegenüberstellung der identifizierten Risiken und der Maßnahmen, die als Reaktion auf das jeweilige Risiko geplant sind. Jede Maßnahme ist detailliert zu beschreiben und ein Verantwortlicher für die Durchführung der Maßnahme zu benennen.

   Wie bezeichnet man dieses Dokument?

   A Risikoliste

   B Maßnahmenkatalog

   C To-Do-Liste

   D Risikoanalyse

   E Datenschutzverordnung

2. Welche drei Unterlagen sind typisch für eine Entwickler-Dokumentation?

A Marketingunterlagen

B Installationshinweise

C Benutzerdokumente

D Planungsdokumente

E Dokumentation der Systemarchitektur

F Datenmodell

G Dokumentation der Mensch-Maschine-Schnittstelle

H Programmdokumentation

3. Welche drei Unterlagen sind typisch für eine Anwender-Dokumentation?

A Marketingunterlagen

B Installationshinweise

C Benutzerdokumente

D Planungsdokumente

E Dokumentation der Systemarchitektur

F Datenmodell

G Dokumentation der Mensch-Maschine-Schnittstelle

H Programmdokumentation

4. Das gesuchte Dokument definiert Regeln und Gestaltungskriterien, nach denen die Mensch-Maschine-Schnittstelle zu gestalten ist. Die Regeln umfassen u. a. Gestaltungskriterien zu den Oberflächenelementen, zum Beispiel haptische und optische Eigenschaften, Gestaltungskriterien für die grafische Benutzeroberfläche sowie Gestaltungskriterien für die Hardwareschnittstelle.

   Wie bezeichnet man dieses Dokument?

   A Style guide

   B Benutzerschnittstelle

   C Graphical User Interface (GUI)

   D Ergonomie-Vorschriften

   E Barrierefreiheit

5. Das gesuchte Dokument beinhaltet eine Kurzbeschreibung der Qualitätsziele im Projekt, sowie die Festlegung der zu prüfenden Produkte und Prozesse, die Organisation und Vorgaben für die Planung und Durchführung der Qualitätssicherung im Projekt und die Vorgaben für die Qualitätssicherung von externen Zulieferungen. Der QS-Verantwortliche muss dieses zentrale Dokument in Abstimmung mit den Schlüsselpersonen des Projekts erarbeiten.

   Wie bezeichnet man dieses Dokument?

   A Qualitätssicherungshandbuch (QS-Handbuch)

   B Maßnahmenkatalog

   C To-Do-Liste

   D Datenschutzverordnung

   E Qualitätsmanagement

Aufgabe 10: Routinebetrieb von IT-Systemen

10.1 Service Level Agreement (SLA)

Diskutieren Sie folgende Vereinbarungen in einem Service Level Agreement unter Beachtung folgender Aspekte:

- Verfügbarkeit und daraus resultierende maximal zulässige Ausfallzeit
- Monitoring
- Störungsbearbeitung, Service-Desk-Erreichbarkeit, Reaktionszeit
- Mitwirkungsleistungen des Kunden
- Nutzungseinschränkungen (angemessene Nutzung)

Service Level Agreement

XXXX.net GmbH Webhosting/Virtual Server

Die XXXX.net GmbH (XXXX.net) garantiert dem Kunden in diesem Service Level Agreement (SLA) die Einhaltung wichtiger Qualitätsmerkmale. Diese SLAs gelten ergänzend zum XXXX.net Vertrag und sind gültig für alle Webhosting-/Virtual-Server-Verträge.

1. VERFÜGBARKEIT/WARTUNGSARBEITEN

XXXX.net gewährleistet eine Verfügbarkeit der Anbindung zum Internet-Backbone sowie des bereitgestellten Switchports von mindestens 99 % im Monatsmittel. XXXX.net misst die Verfügbarkeit im lokalen Netzwerk. Ausgenommen von dieser Messung ist die Nichtverfügbarkeit,

- innerhalb von Wartungszeiträumen,
- aufgrund von Störungen innerhalb fremder Netze,
- aufgrund eines Verschuldens durch den Kunden.

Wartungsarbeiten können von XXXX.net im Zeitraum von 2:00–6:00 Uhr durchgeführt werden.
Eine Ankündigung erfolgt per E-Mail oder über die URL http://hosting.XXXX.net/kundeninfo.html

2. GUTSCHRIFT

Sollte die angegebene Mindestverfügbarkeit im Monatsmittel unterschritten werden, werden Gutschriften wie folgt für solche Zeiten erteilt, die nicht durch die Mindestverfügbarkeit abgedeckt waren:

Ab einer Nichtverfügbarkeit an einem Tag von zusammengerechnet über 15 Minuten werden anteilig 1 Stunde, über 45 Minuten anteilig 8 Stunden, über 8 Stunden anteilig 12 Stunden, über 12 Stunden anteilig 16 Stunden der in dem Monat zu entrichtenden Gebühr gutgeschrieben. Überschreitet die Nichtverfügbarkeit an einem Tag zusammengerechnet über 16 Stunden, so wird dem Kunden anteilig für den betroffenen Tag ein Betrag in Höhe von 1/30 der in dem Monat zu entrichtenden Gebühr für Netzzugangs-/IP-Konnektivität gutgeschrieben. Die Gutschriften werden nur dann gewährt, wenn der Kunde diese innerhalb von vier Kalendertagen nach Ende des Monats, für den die Gutschriften verlangt werden, bei XXXX.net geltend macht. Gutschriften werden auf der nächsten Rechnung des Kunden mit dem Rechnungsbetrag verrechnet. Im Falle der Nichtverfügbarkeit innerhalb von Wartungszeiträumen, aufgrund von Störungen innerhalb fremder Netze oder aufgrund eines Verschuldens durch den Kunden werden keine Gutschriften gewährt.

3. STÖRUNGSBEARBEITUNG

Vor einer Störungsmeldung hat der Kunde seinen Verantwortungsbereich überprüft und dort keine Störung festgestellt. Bei Störungsmeldungen, die werktags (Mo.–Fr. 9:00 Uhr bis 18:00 Uhr, ausgenommen gesetzliche Feiertage) eingehen, beginnt XXXX.net mit der Bearbeitung der Störung innerhalb von zwei Stunden. Bei Störungsmeldungen, die außerhalb der Störungsbearbeitungszeit eingehen, beginnt die Bearbeitung SPÄTESTENS am folgenden Arbeitstag (Mo.–Fr., ausgenommen gesetzliche Feiertage) um 9:00 Uhr. Die XXXX.net GmbH wird den Kunden nach Beseitigung der Störung davon in Kenntnis setzen. Der Kunde hat dafür Sorge zu tragen, dass XXXX.net immer über den richtigen Ansprechpartner für die Rückmeldung verfügt. Für Kunden, die ein Premium Service Level beziehen, beginnt die Entstörung nach Störungsmitteilung an speziell zur Verfügung gestellte Kontaktdaten jederzeit innerhalb von zwei Stunden.

Erreichbarkeit im Störungsfall:
Telefonisch: 030/xxx xx xxx
E-Mail: notfall@XXXX.net

4. ANGEMESSENE NUTZUNG

Der Kunde ist verpflichtet, seine Internet-Seiten auf von XXXX.net betriebenen Servern, auch bei virtuellen Servern, so zu gestalten, dass eine übermäßige Belastung des Servers, z. B. durch CGI-Skripte, die eine hohe Rechenleistung erfordern oder überdurchschnittlich viel Arbeitsspeicher beanspruchen, vermieden wird. Die XXXX.net GmbH ist berechtigt, Seiten, die den obigen Anforderungen nicht gerecht werden, vom Zugriff durch Kunden oder durch Dritte auszuschließen. Die XXXX.net GmbH wird den Kunden unverzüglich von einer solchen Maßnahme informieren. Die XXXX.net GmbH wird die betreffenden Seiten wieder zugänglich machen, wenn der Kunde nachweist, dass die Seiten so umgestaltet wurden, dass sie den obigen Anforderungen genügen.

Bei virtuellen Servern wird die zur Verfügung stehende Leistung in der Regel allein durch das im Leistungsumfang gegebene Prozesslimit bestimmt. Nur in einzelnen Fällen, bei denen vermehrte Aufrufe von einzelnen Programmen oder Skripten den Server übermäßig belasten, muss in Absprache mit dem Kunden, zur Fairness gegenüber anderen Kunden, eine andere Lösung gefunden werden.

5. ZUSATZLEISTUNGEN

Zusatzleistungen, wie z. B. Konfiguration/Updates von Hard- und Software, sowie Sicherheitsüberprüfungen sind kostenpflichtig. Möchten Sie die Wartung Ihres Servers outsourcen, so übernehmen wir dies gerne für Sie. Lassen Sie sich ein Angebot von uns erstellen. Bestimmte Service-Level-Vereinbarungen können bereits ein monatliches Zeitkontingent für Zusatzleistungen enthalten.

10.2 Datenschutz und Datensicherheit

Beantworten Sie folgende Fragen.

1. Grenzen Sie die Bereiche „Datensicherheit“ und „Datenschutz“ voneinander ab.
2. Nennen und erklären Sie **stichpunktartig sechs** technisch organisatorische Maßnahmen (TOM) um sicherzustellen, dass die Verarbeitung gemäß der Verordnung (EU) 2016/679 erfolgt.
3. Welche Aufgaben hat ein Datenschutzbeauftragter in Ihrem Unternehmen?

10.3 Multiple-Choice-Fragen

Markieren Sie die richtigen Antworten zu folgenden Fragen.

1. Der gesuchte Begriff steht für eine betriebswirtschaftliche Führungsaufgabe und beschäftigt sich mit der Planung, dem Einsatz und der Kontrolle der Ressourcen-Informationen. Informationen werden heute neben Arbeit, Kapital und Boden als vierter Produktionsfaktor bezeichnet.

   Wie bezeichnet man diese Führungsaufgabe?

   A Informationsmanagement

   B Datenmanagement

   C Big Data

   D Technologiemanagement

   E Informationssystem

2. Unter ______________ versteht man in der Wirtschaftspraxis die langfristig geplanten Verhaltensweisen der Unternehmen zur Erreichung ihrer Ziele. Die langfristige Planung bezieht sich immer auf eine Perspektive von mehreren Jahren. Eine genaue Festschreibung des Planungshorizontes ist in der schnelllebigen IT-Branche besonders schwer.

   Welcher Begriff wurde hier ausgelassen?

   A Strategie

   B Taktik

   C Prognose

   D operatives Geschäft

   E Vorhersage

3. Auf der Ebene der ______________ muss die Unternehmensstrategie mit einem Planungshorizont von wenigen Monaten umgesetzt werden. Der Charakter dieser Aufgaben ist eher administrativ, wobei im Informationsmanagement von der Tatsache ausgegangen werden muss, dass jedes Unternehmen über eine mehr oder weniger weit entwickelte Informationsinfrastruktur verfügt, die zielorientiert geplant, überwacht und gesteuert wird.

   Welcher Begriff wurde hier ausgelassen?

   A Strategie

   B Taktik

   C Prognose

   D operatives Geschäft

   E Vorhersage

4. Auf der Ebene ______________ befasst man sich damit, die Nutzbarkeit des Informationssystems für die Anwender zu gewährleisten. Anfragen der Anwender (Requests) und Meldungen von Störungen (Incidents) sind zu bearbeiten. Je mehr eine Informationsinfrastruktur dezentralisiert wird, desto mehr verlagern sich diese Aufgaben von der IT-Abteilung in die Fachabteilungen und damit zum Benutzer.

   Welcher Begriff wurde hier ausgelassen?

   A Strategie

   B Taktik

   C Prognose

   D operatives Geschäft

   E Vorhersage

5. Der Begriff ______________ bezeichnet den Integrationsprozess von mehreren, voneinander unabhängig entwickelten Softwaresystemen, die meist auf unterschiedlichen und zum Teil inkompatiblen Technologien beruhen. Das können verschiedene Alt-Systeme (Legacy Systems) in einem Unternehmen sein, aber auch Systeme bei juristisch unabhängigen Anwendern. Die Kommunikation über Daten und zwischen Prozessen über beliebige Anwendungen und Geschäftsprozesse hinweg soll damit ermöglicht werden.

   Welcher Begriff wurde hier ausgelassen?

   A Enterprise Application Integration (EAI)

   B Enterprise Resource Planning (ERP)

   C Integrationsmanagement

   D Migration

   E Kommunikationsmanagement

6. Wie bezeichnet man den Leiter einer IT-Abteilung in größeren Unternehmen?

   A CIO

   B IT-Chef

   C BIT

   D SIT

   E SEO

7. Welches Merkmal trifft allgemein für das Schadprogramm **Computervirus** zu? Das Programm

   A ... kopiert sich selbst in noch nicht infizierte Dateien.

   B ... zerstört die befallenen Dateien.

   C ... kopiert sich selbst in Textdateien.

   D ... befällt immer die Bootsektoren des Betriebssystems.

   E ... befällt nur Computer mit Internetverbindung.

8. Welches Merkmal trifft allgemein für das Schadprogramm **Computerwurm** zu? Das Programm

   A ... versucht aktiv über die Internetverbindung in neue Systeme einzudringen.

   B ... zerstört die befallenen Dateien.

   C ... kopiert sich selbst in Textdateien.

   D ... befällt immer die Bootsektoren des Betriebssystems.

   E ... dringt in fremde Systeme ein, um dort Viren freizusetzen.

9. Welches Merkmal trifft allgemein für Bot-Netzwerke zu? Sie

   A ... werden zum Sammeln von E-Mail-Adressen für Werbezwecke genutzt.

   B ... entstehen durch das gleichzeitige Booten von Computern.

   C ... arbeiten als Roboter und durchforsten das Netz nach Schwachstellen.

   D ... verbreiten Schadprogramme von Computer zu Computer.

   E ... stören die Arbeit auf Host-Computern, indem sie den Start von Programmen verhindern.

10. Welche der folgenden Maßnahmen bietet Schutz gegen die Bedrohung „Datenverlust“?

    A Sicherheitskopie erstellen

    B Daten mit Signatur sichern

    C Daten verschlüsseln

    D Zertifikat zu den Daten ausstellen

    E Daten auf Viren scannen

11. Welche der folgenden Maßnahmen bietet Schutz gegen die Bedrohung „Datenverfälschung“?

    A Sicherheitskopie erstellen

    B Daten mit Signatur sichern

    C Backup erstellen

    D Zertifikat zu den Daten ausstellen

    E Daten auf Viren scannen

12. Welche der folgenden Maßnahmen bietet Schutz gegen die Bedrohung „Datenmissbrauch“?

    A Sicherheitskopie erstellen

    B Daten mit Signatur sichern

    C Daten verschlüsseln

    D Zertifikat zu den Daten ausstellen

    E Daten auf Viren scannen

13. In welchen Fällen handelt der Nutzer eines Computersystems fahrlässig? Er

    A ... verlässt seinen Computerarbeitsplatz, ohne den Zugang zu sperren.

    B ... arbeitet am Computerarbeitsplatz eines Kollegen unter dessen Account.

    C ... versendet eine E-Mail ohne Verschlüsselung.

    D ... verwendet seinen Familiennamen als Passwort.

    E ... deaktiviert den Virenscanner an seinem Computerarbeitsplatz.

14. In welchen Fällen handelt der Nutzer eines Computersystems **grob** fahrlässig? Er

A ... verlässt seinen Computerarbeitsplatz, ohne den Zugang zu sperren.

B ... arbeitet am Computerarbeitsplatz eines Kollegen unter dessen Account.

C ... versendet eine E-Mail ohne Verschlüsselung.

D ... verwendet seinen Familiennamen als Passwort.

E ... deaktiviert den Virenscanner an seinem Computerarbeitsplatz.

15. Wer oder was steht im Mittelpunkt aller Bemühungen um den Datenschutz?

A Schutz des Menschen vor Missbrauch seiner Daten

B Katalog von Maßnahmen zum Schutz von Daten

C Schutz gegen Missbrauch aller Arten von Daten

D Gewährleistung der Datensicherheit in Unternehmen und Verwaltungen

E Überwachung des Umgangs mit Daten in Unternehmen

16. Welche der folgenden Maßnahmen dient **nicht** dem Datenschutz?

A Backup erstellen

B Zutrittskontrolle zu Computeranlagen

C Zugriffskontrolle auf Daten

D Zugangskontrolle zu Datenverarbeitungssystemen

E Auftragskontrolle in der Datenverarbeitung

17. Welchem Zweck dient ein Zertifikat in der Datenübertragung?

A Identifikation einer Person oder des Herausgebers einer Datei

B Verschlüsselung einer Datei

C Übermittlung des Schlüssels zur Entschlüsselung gesicherter Dateien

D Überprüfung der Integrität der zertifizierten elektronischen Dokumente

E Überprüfung der Unversehrtheit der zertifizierten elektronischen Dokumente

18. Welchem Zweck dient eine Signatur in der Datenübertragung?

A Überprüfung der Integrität der signierten elektronischen Dokumente

B Identifikation einer Person oder des Herausgebers einer Datei

C Verschlüsselung einer Datei

D Übermittlung des Schlüssels zur Entschlüsselung gesicherter Dateien

E Unterzeichnung eines Dokumentes mit einem Abbild einer handschriftlichen Unterschrift

Anhang 1: Komplexaufgabe

1 Hinweise zur Komplexaufgabe als Selbstlernmodul

Diese Aufgabenstellung setzt Teamarbeit über einen längeren Arbeitszeitraum von 35 bis 70 Stunden voraus. Wichtig ist hier einerseits die Teamarbeit, in der die Auszubildenden die Erfahrungen der Selbstorganisation machen sollen. Gleichfalls zu beachten ist die notwendige Beschränkung auf die Aufgabenstellung. Eigene Ideen und sogenannte „Ausschmückungen" sind immer gut, hier aber nicht gefragt.

Der Ausbilder muss als Auftraggeber auftreten und die geforderten Leistungen abverlangen. Es handelt sich dabei zunächst um elementare Grundlagen. Für die Entwicklung der Handlungskompetenz der Auszubildenden sind die Erfolgserlebnisse in der Teamarbeit wichtig. Die Komplexaufgabe enthält folgende Teile:

- Kurzbeschreibung der Selbstlernmodule
- Beschreibung des Modellunternehmens
- Lastenheft
- Hinweise zur Bearbeitung des Projektes
- Bewertungskriterien

Gruppenarbeit

Es handelt sich um eine Gruppenarbeit mit Gruppen von maximal vier Personen. Jedes Teammitglied hat seinen eindeutig bestimmbaren Anteil zum Gelingen der Gesamtaufgabe beizutragen. Für die gerechte Aufteilung der Arbeitspakete auf die Mitglieder Ihrer Projektgruppen sorgen Sie bitte eigenverantwortlich.

Reihenfolge der Bearbeitung

Empfehlenswert ist folgende Reihenfolge der Bearbeitung, sodass die Gruppen die erarbeiteten Dokumente und Arbeitsergebnisse der vorherigen Gruppen nutzen können:

1. Informatikkaufleute (Anforderungen präzisieren, Einsatz im Unternehmen, Schulung)
2. Fachinformatiker Systemintegration (Bereitstellen der Server und der Netzwerkverbindungen)
3. Fachinformatiker Anwendungsentwicklung (Entwicklung der Softwarebausteine)
4. IT-Systemkaufleute (Vermarktungskonzept der erstellten Lösung)

2 Kurzbeschreibung der Selbstlernmodule

Aufgabe für Informatikkaufleute (INKA)

Lernziel	Vertiefung und Festigung der Kenntnisse auf dem Gebiet der **Systemorganisation**
Ausbildungsberuf	Informatikkaufleute
Dauer der Selbstlerneinheit	35 Unterrichtsstunden

Lerninhalte	■ Durchführung der Analyse ■ Erarbeitung des Entwurfs ■ vollständige Projektplanung ■ Erarbeitung des Pflichtenheftes ■ **Erarbeitung der Benutzeroberfläche, Vorbereitung der Einführung der Lösung im Unternehmen und Erstellung von Schulungsunterlagen** ■ Dokumentation der Projektarbeit ■ Präsentation des Gruppenergebnisses mit anschließendem Fachgespräch
beruflicher Nutzen	sichere Kenntnisse, Fähigkeiten und Fertigkeiten bei der Lösung komplexer betrieblicher Aufgabenstellungen im beruflichen Umfeld
einzusetzende Medien	■ Microsoft-Office-Komponenten: Word, Excel, Access, PowerPoint ■ **Entwurfswerkzeuge (Microsoft Visio, MindManager usw.)** ■ Datenbankmanagementsystem ■ lokaler Webserver für Testzwecke
notwendige Materialien	■ Arbeitsheft mit Szenario und Lastenheft ■ Demo der ACI Teach Business Software (Access) und Handbuch (PDF)

Aufgabe für Fachinformatiker Systemintegration (FISI)

Lernziel	Vertiefung und Festigung der Kenntnisse auf dem Gebiet der **Systemarchitektur**
Ausbildungsberuf	Fachinformatiker Systemintegration
Dauer der Selbstlerneinheit	35 Unterrichtsstunden
Lerninhalte	■ Durchführung der Analyse ■ Erarbeitung des Entwurfs ■ vollständige Projektplanung ■ Erarbeitung des Pflichtenheftes ■ **Bereitstellen und Einrichtung der Systemkomponenten Webserver und Datenbankserver** ■ Dokumentation der Projektarbeit ■ Präsentation des Gruppenergebnisses mit anschließendem Fachgespräch
beruflicher Nutzen	sichere Kenntnisse, Fähigkeiten und Fertigkeiten bei der Lösung komplexer betrieblicher Aufgabenstellungen im beruflichen Umfeld.
einzusetzende Medien	■ Microsoft-Office-Komponenten: Word, Excel, Access, PowerPoint ■ **Softwaresysteme der Server (MySQL, Microsoft SQL Server, Microsoft Internet Information Services (IIS), Tomcat, Apache usw.)** ■ **Datenbankmanagementsystem** ■ lokaler Webserver für Testzwecke
notwendige Materialien	■ Arbeitsheft mit Szenario und Lastenheft ■ Demo der ACI Teach Business Software (Access) und Handbuch (PDF)

Aufgabe für Fachinformatiker Anwendungsentwicklung (FIAN)

Lernziel	Vertiefung und Festigung der Kenntnisse auf dem Gebiet der **Programmierung**
Ausbildungsberuf	Fachinformatiker Anwendungsentwicklung
Dauer der Selbstlerneinheit	70 Unterrichtsstunden
Lerninhalte	■ Durchführung der Analyse ■ Erarbeitung des Entwurfs ■ vollständige Projektplanung ■ Erarbeitung des Pflichtenheftes ■ **Erarbeitung der Softwarekomponenten, serverseitig und clientseitig** ■ Dokumentation der Projektarbeit ■ Präsentation des Gruppenergebnisses mit anschließendem Fachgespräch
beruflicher Nutzen	sichere Kenntnisse, Fähigkeiten und Fertigkeiten bei der Lösung komplexer betrieblicher Aufgabenstellungen im beruflichen Umfeld
einzusetzende Medien	■ Microsoft-Office-Komponenten: Word, Excel, Access, PowerPoint ■ **Entwicklungsumgebung für C#; Java** ■ **Datenbankmanagementsystem** ■ lokaler Webserver für Testzwecke
notwendige Materialien	■ Arbeitsheft mit Szenario und Lastenheft ■ Demo der ACI Teach Business Software (Access) und Handbuch (PDF)

Aufgabe für IT-Systemkaufleute (ITKA)

Lernziel	Vertiefung und Festigung der Kenntnisse auf dem Gebiet der **Systemorganisation**
Ausbildungsberuf	IT-Systemkaufleute
Dauer der Selbstlerneinheit	35 Unterrichtsstunden
Lerninhalte	■ Durchführung der Analyse ■ Erarbeitung des Entwurfs ■ vollständige Projektplanung ■ Erarbeitung des Pflichtenheftes ■ **Erarbeitung eines Vermarktungskonzeptes, Vorbereitung der Anpassung der Lösung für fremde Unternehmen und Erstellung von Marketingunterlagen** ■ Dokumentation der Projektarbeit ■ Präsentation des Gruppenergebnisses mit anschließendem Fachgespräch
beruflicher Nutzen	sichere Kenntnisse, Fähigkeiten und Fertigkeiten bei der Lösung komplexer betrieblicher Aufgabenstellungen im beruflichen Umfeld
einzusetzende Medien	■ Microsoft-Office-Komponenten: Word, Excel, Access, PowerPoint ■ **Entwurfswerkzeuge (Microsoft Visio, MindManager usw.)** ■ lokaler Webserver für Testzwecke
notwendige Materialien	■ Arbeitsheft mit Szenario und Lastenheft ■ Demo der ACI Teach Business Software (Access) und Handbuch (PDF)

3 Modellunternehmen

Das Modellunternehmen ACI mit seiner Zentrale in Hamburg Sachsenfeld (Lager, Marketing, Softwareentwicklung und Vertrieb Nord), einem Ladengeschäft in Eppendorf und einer Geschäftsstelle in Frankfurt am Main (Vertrieb Süd) ist ein größeres IT-Systemhaus mit insgesamt 38 Mitarbeitern.

Im Jahre 1984 gegründet, hat sich ACI bis heute zu einem breit aufgestellten IT-Unternehmen entwickelt. Neben einem umfangreichen Softwareangebot **(Applications)** über die Anwendungsberatung und -schulung **(Consulting)** bis hin zur Konzeption und Installation von **IT-Infrastruktur** werden fast alle Arbeitsfelder eines IT-Systemhauses abgedeckt. Auch der eigene Internetshop wird von den Kunden immer öfter aufgesucht.

Der **IT-Infrastrukturbereich** erstreckt sich von der Lieferung einzelner IT-Komponenten bis hin zur Konzeptionierung und Installation komplexer IT-Netzsysteme. Aufgrund des Fullservice-Angebotes von ACI gewinnt der Support- und After-Sales-Bereich immer größere Bedeutung. Hierzu gehören auch Schulungs- und Beratungsleistungen (Consulting). Individuell geschneiderte Hard- und Softwarebetreuung wird bis hin zu standardisierten Wartungsverträgen und einem 24-Stunden-Vor-Ort-Service angeboten.

Das operative Geschäft von ACI zeichnet sich nicht nur durch eine schlanke Verwaltung aus, sondern auch durch eine professionelle Marketing- und Vertriebsabteilung, die ihr Angebotsportfolio eng an den Bedürfnissen der Kunden ausrichtet und kostengünstige Lösungen bereitstellen kann.

Die Organisationsstruktur des Unternehmens wird durch folgendes **Organigramm** verdeutlicht.

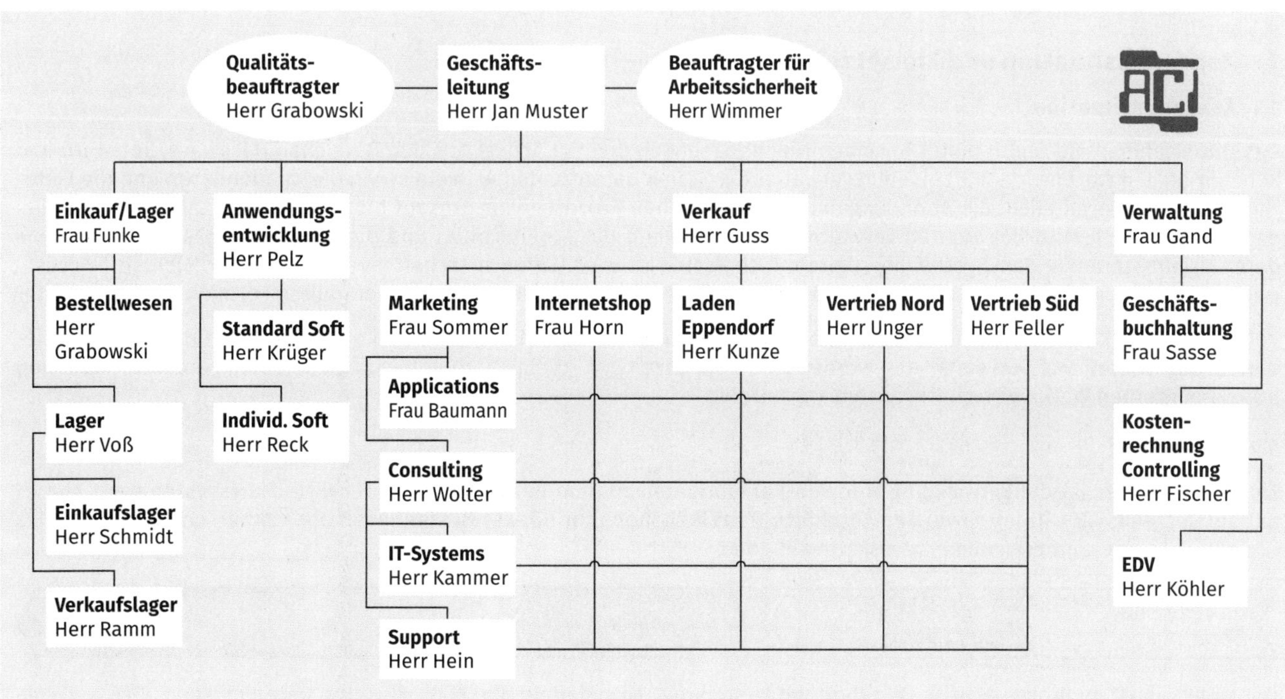

Organigramm ACI

4 Lastenheft

Projektdokumentation		
Projektname	ACI Webshop	
Dokumententitel	Lastenheft	
Erstellt von	Frau Horn	Erstellt am:
Dokumentablage	E:\Projekt\Dokumente\Lastenheft.doc	28. Feb. 20xx
Änderungshinweis	(zum Nachtragen des Namens eines geänderten Dokuments)	(Änderungsdatum)

Lastenheft

Inhaltsverzeichnis

1 Ausgangssituation und Zielsetzung

1.1 Ausgangssituation

Das Unternehmen ACI GmbH bietet in seinen Niederlassungen diverse Artikel aus den Bereichen Hardware, Software und Zubehör an. Ein Warenwirtschaftssystem verwaltet die Stammdaten zu den Artikeln sowie die Kundendaten und die Lieferantendaten. Es ermöglicht die Abbildung der kaufmännischen Prozesse vom Einkauf bis zum Verkauf der Waren. Parallel dazu werden auch Mitarbeiterdaten verwaltet, d.h., man kann die Arbeitszeiten und die Entgelte der Mitarbeiter sowie deren Urlaubszeiten in dem System bearbeiten. Technisch ist dieses Warenwirtschaftssystem mit einer Microsoft-Access-Datenbank verbunden. Die Ein- und Ausgaben erfolgen über die unter Microsoft Access erstellten Formulare und Berichte.

Vom Bereich Verkauf besteht der Wunsch, dieses System weiter zu vervollkommnen, so dass es auch in den Vertriebsniederlassungen Nord und Süd eingesetzt werden kann. Gleichzeitig wird eine Verbindung zwischen dem geplanten Webshop und dem internen Warenwirtschaftssystem angestrebt.

1.2 Zielsetzung

Ziel des Projektes ist die Entwicklung von Web-Komponenten zu dem bestehenden Warenwirtschaftssystems mit Zugriff auf die Bestandsverwaltung sowie den Anschluss eines Webshops für direkte Bestellungen der Kunden der ACI GmbH. Das Projekt soll insgesamt folgende Prozesskette abbilden:

Der Webshop ist im Prozessschritt „Angebot und Bestellung" anzusiedeln. Die hier erfassten Daten müssen allen anderen Schritten in der Prozesskette zur Verfügung stehen. Sie dienen auch als Basis für ein Managementinformationssystem im Rahmen der vertikalen Datenintegration. Eine Speicherung der Daten in einer zentralen Datenbank ist daher notwendig.

Die Orte für die Ausführung der einzelnen Prozessschritte sind räumlich getrennt. Anfragen können in den Vertriebsniederlassungen in Hamburg oder Frankfurt am Main eingehen. Bestellungen sollen auch über das Internet möglich sein. Die Warenwirtschaft wird in der Zentrale in Eppendorf realisiert und der Kundendienst findet dezentral beim Kunden statt. Die Kommunikation der Prozessschritte sollte deshalb über das Internet erfolgen.

2 Funktionale Anforderungen

2.1 Muss-Kriterien

(1) Die Software muss die Vertriebsniederlassungen bei der Warenbestellung aus einem Zentrallager unterstützen. Die Vertriebsniederlassungen, regional verteilt im gesamten Bundesgebiet, sollen zusammenarbeiten und zukünftig bundesweit von einem zentralen Lagerort versorgt werden. Zu den Vertriebsniederlassungen gehören Ladengeschäfte, die nur über wenig Lagerfläche verfügen. Von den angebotenen Waren können in den Läden nur wenige Exemplare vorrätig gehalten werden. Im täglichen Verkauf abgesetzte Komplettsysteme, Bauteile, Software oder Zubehör sollen über Nacht aus den Zentrallagern nachgeliefert werden. Die Bestellung der Waren von den Läden gegenüber dem zentralen Lager soll über das Internet mithilfe des webbasierten Warenwirtschaftssystems erfolgen.

(2) Die Software muss den Kunden der ACI GmbH die direkte Bestellung von Hardware, Software und Zubehör aus der Angebotspalette der ACI GmbH über das Internet im Rahmen eines Webshops ermöglichen.

(3) Bei einer Bestellung muss die Verfügbarkeit der Ware im Bestand des Zentrallagers überprüft werden. Ist eine Waren nicht in ausreichender Menge verfügbar, so ist diese Bestellposition abzuweisen. Die erfolglosen Bestellungen sind zur Verbesserung des Warenangebotes zu protokollieren.

(4) Die Identifikation der Artikel erfolgt über deren 13-stellige EAN (Europäische Artikelnummer). Die EAN-Eingaben sind durch die Prüfziffernkontrolle abzusichern. Zusätzlich zur EAN sind die Artikel durch eine interne Artikelnummer zu identifizieren.

(5) Ein Administrator muss die Möglichkeit haben, die Kundenlisten manuell zu pflegen und bei Bedarf Kunden zu sperren.

(6) Die Bedienung erfolgt im Internet über eine browserunabhängige Benutzeroberfläche mit festen Objektgrößen unabhängig von der Bildschirmauflösung beim Benutzer.

2.2 Kann-Kriterien

(1) Die Software soll auch neuen Kunden der ACI GmbH die direkte Bestellung von Hardware, Software und Zubehör aus der Angebotspalette der ACI GmbH über das Internet im Rahmen eines Webshops ermöglichen. Die Authentizität der Neukunden muss gesichert werden.

(2) Für die Auswahl von Waren soll im Webshop der Artikelkatalog mit Artikelnummer, Beschreibung und Bruttopreis angezeigt werden.

(3) Der Artikelkatalog ist aufzuwerten durch eine systematische Anzeige zusammenhängender Artikelgruppen. Es ist eventuell eine Volltextsuche vorzusehen und die Artikel sind durch Bilder zu illustrieren.

(4) Erfolgreiche Bestellungen, d.h. Bestellungen zu Waren, von denen ausreichende Mengen im Zentrallager lagern, sind durch eine E-Mail an den Kunden zu bestätigen. Außerdem muss die bestellte Menge sofort reserviert und damit für weitere Zugriffe aus Bestellungen gesperrt werden.

(5) Das System hat die Lieferscheine und die Rechnungen zu den Bestellungen zu erstellen.

(6) Das System muss eine Schnittstelle zum eingesetzten Warenwirtschaftssystem besitzen. Sortimentspflege, Preisbildung und Wareneingänge erfolgen mit dem bestehenden Warenwirtschaftssystem.

(7) Die Software soll eine differenzierte Rechnungslegung ermöglichen. Es ist dabei zwischen folgenden Kundengruppen zu unterscheiden: Vertriebsniederlassungen, Kunden und Web-Kunden. Diesen Kundengruppen sind die Waren zu verschiedenen Konditionen zu berechnen.

(8) Die Zugriffe aller Benutzer werden in einer Logdatei erfasst, die vom Administrator eingesehen und ausgewertet werden kann.

(9) Die Bedienung erfolgt im Internet über eine browserunabhängige Benutzeroberfläche. Die Größe der Objekte der Ein- und Ausgabemasken soll sich der Bildschirmauflösung beim Benutzer dynamisch anpassen.

(10) Der Benutzer kann seine Bestellungen auf seinem Computer als Textdatei speichern.

(11) Der Administrator kann zu den eingegangenen Bestellungen statistische Angaben wie „Anzahl der Bestellungen in einer Warengruppe“ oder „Anzahl der Bestellungen pro Kunde“ anzeigen lassen.

(12) Die Artikeldaten entstammen dem ACI-Warenwirtschaftssystem, das unter Microsoft Access realisiert wurde.

2.3 Abgrenzungskriterien (Anmerkung: Die ersten drei Abgrenzungskriterien sind nur in der Modellsituation akzeptabel.)

(1) Es sind keinerlei Maßnahmen zur Datensicherung vorzusehen.

(Fortsetzung auf S. 108)

(Fortsetzung von S. 107)

(2) Es sind keinerlei Maßnahmen zur Datenarchivierung vorzusehen.

(3) Es sind nur einfache Maßnahmen zur Zugriffssicherheit vorzusehen.

(4) Die Pflege des Warenbestandes erfolgt ausschließlich über das bestehende Warenwirtschaftssystem.

3 Nicht-Funktionale Anforderungen

3.1 Einsatzumgebung Hardware

Die Software ist lauffähig auf der vorhandenen Hardware in der Zentrale, in den Vertriebsniederlassungen und beim Kunden. Zusätzliche Investitionen in Hardware sind auszuschließen.

3.2 Einsatzumgebung Software

Die Software ist lauffähig auf den vorhandenen Betriebssystemen in der Zentrale, in den Vertriebsniederlassungen und beim Kunden. Zusätzliche Investitionen in Software sind auszuschließen. Falls notwendig, ist Public-Domain-Software einzusetzen.

3.3 Einsatzumgebung Orgware

Der Betrieb der Software setzt möglichst keine zusätzlichen organisatorischen Regelungen voraus. Die Nummernsysteme und Systematiken aus dem Warenwirtschaftssystem sind zu übernehmen. Zusätzliche Arbeitskräfte für den Betrieb der Software sind auszuschließen. Die Administratoraufgaben sind einem Mitarbeiter als zusätzliche Arbeitsaufgabe zu übertragen.

3.4 Leistungsparameter Datenvolumen

Gegenwärtig gibt es 400 Stammkunden. Durch gute Werbung und Multiplikatoreneffekt ist mit ca. 2000 wiederkehrenden Gelegenheitskunden zu rechnen. Die Vertriebsniederlassungen und die Gelegenheitskunden generieren maximal 50 Bestellungen pro Tag mit durchschnittlich 3 Bestellpositionen. Pro Bestellposition fallen 120 Zeichen an. Die Datenmenge wird begrenzt durch die Speicherkapazität der vorhandenen Hardware.

3.5 Leistungsparameter Verarbeitungsgeschwindigkeit

Die Antwortzeit für die Kundeneingaben liegt unter 3 Sekunden. Die Bestätigungen von Bestellungen sollten innerhalb von 10 Minuten beim Kunden sein.

4 Lebenszyklus des Gesamtsystems

4.1 Zeitpunkt des Einsatzes

Der Webshop soll zum 01. Sept. 20xx eröffnet werden.

4.2 Abzulösende Systeme

Es gibt bezüglich der Webshop-Funktionalität keine abzulösenden Systeme.

4.3 Zu erwartende wachsende Anforderungen

Die Anzahl der Vertriebsniederlassungen soll langfristig auf sechs Standorte im gesamten deutschsprachigen Raum wachsen. Die Zahl der Gelegenheitskunden kann nach Erfahrungen anderer Shopbetreiber auf 10.000 wachsen.

5 Lieferumfang

5.1 Zu übergebende Dokumente

Zu übergeben sind die Systemdokumentation, ein Benutzerhandbuch für den Betrieb in den Niederlassungen, Administrationshinweise, eine Schnittstellenbeschreibung zum Warenwirtschaftssystem und eine Installationsanleitung, alles in gedruckter Form und auf CD zusammen mit der Software als PDF-Dateien.

5.2 Bereitstellung der Software

(1) Die gesamte Software wird auf CD übergeben. Die clientseitigen Zugriffskomponenten für die Vertriebsniederlassungen werden als Download aus einem geschützten Bereich angeboten und dort auch gegebenenfalls aktualisiert.

(2) Für die Gelegenheitskunden entfällt die Bereitstellung der Software. Sie nutzen ihre eigenen Webbrowser und laden die Daten von Server der ACI GmbH.

5.3 Installation und Datentransfer

(1) Die Software für die Vertriebsniederlassungen ist in gepackter Form bereitzustellen, welche sich selbst entpackt und selbstständig die Installation startet.

(2) Ein Datentransfer aus Vorgängerlösungen ist nicht notwendig.

5.4 Schulungsleistungen

entfallen

5.5 Supportleistungen

Der Support in der Zentrale und in den Vertriebsniederlassungen wird durch die Mitarbeiter der ACI GmbH gewährleistet.

6 Abnahmekriterien

6.1 Qualitätsziele

(1) Funktionalität: Der Nutzer des Webshops muss das volle Spektrum der Waren aus dem Warenwirtschaftssystem zur Auswahl angeboten bekommen. Die Bestellungen sind auf ihre Realisierbarkeit aus dem verfügbaren Bestand zu prüfen.

(2) Zuverlässigkeit: Die Software kann im Routinebetrieb stabil genutzt werden. Fehler treten nur durch Ausfälle im Internet oder in der Stromversorgung auf.

(3) Benutzbarkeit: Die Bedienung muss robust, intuitiv, einfach und gut strukturiert gestaltet sein, damit der Nutzer ohne Schulungsaufwand das System nutzen kann.

(4) Effizienz: Die Performance der Anwendung in Verbindung mit dem Warenwirtschaftssystem muss so ausgelegt sein, dass dem Anwender längere Wartezeiten erspart bleiben. Der Webshop sichert Antwortzeiten unter drei Sekunden.

(5) Änderungsmöglichkeit: In der Programmstruktur werden Erweiterungsmöglichkeiten mit berücksichtigt, um später Änderungen leicht integrieren zu können.

(6) Übertragbarkeit: Die Software des Webshops kann auf andere Hardwaresysteme und Betriebssysteme mit Standardbrowsern übertragen werden.

6.2 Testszenarien

Durch das Projektteam sind im Rahmen des Pflichtenheftes zehn Testszenarien vorzubereiten.

5 Hinweise zur Bearbeitung für Fachinformatiker Anwendungsentwicklung (FIAN)

(A) Da für ein Komplexprojekt vorerst die Zuarbeiten der Informatikkaufleute bezüglich der Kundenanforderungen und der Geschäftsprozesse fehlen, realisieren Sie zuerst nur Funktionsmuster zur Demonstration der Funktionalitäten:

- **Applet** zur Kontrolle der Artikelnummer auf Prüfziffernkonformität vor Ort, d.h. am Ort der Eingabe
- **Servlet** für die Arbeit der Web-Kunden für den lesenden und schreibenden Zugriff auf eine serverseitig vorhandene Datenbank. Es sind Artikeldaten anhand der Artikelnummer abzufragen und neue Artikel einzugeben.
- **WebServices** für die Arbeit in den Niederlassungen mit ähnlichen Funktionalitäten wie das Servlet, jedoch zur Benutzung ohne Browser sowohl für die Serverseite als auch für die Clientseite.

(B) Die Aufgaben der Informatikkaufleute beziehen sich auf die Geschäftsprozesse und die Gestaltung der Benutzeroberfläche.

(C) Die Aufgaben der Systemintegratoren beziehen sich auf die Gestaltung der Schnittstellen zum Internet, zur Datenbank und zur bestehenden Microsoft-Access-Lösung.

(D) Bieten Sie eine Lösung an für die Schnittstelle zu der bestehenden Microsoft-Access-Anwendung (ACI Teach Business Software) an.

(E) Bieten Sie eine Lösung für den Aufbau des Datenbestandes aus der Microsoft-Access-Datenbank (Datenmigration) an.

(F) Alle Fragen zur Ergänzung der vorliegenden Materialien sind dem Ausbilder schriftlich einzureichen.

6 Bewertungskriterien

Projektaufgabe	wesentlicher Inhalt	maximale Punktzahl	erreichte Punktzahl
1. Projektplanung und Analyse	■ Durchführung eines Kick-Off-Meetings, Protokoll (4) ■ Projektstrukturplan, Arbeitspakete und deren Beschreibungen (4) ■ Termin- und Ablaufplan (4) ■ Analyse (4)	16	
2. Entwurf und Pflichtenheft	■ Entwurf der Systemarchitektur (3) ■ Entwurf wesentlicher Algorithmen, Struktogramme (3) ■ Entwurf der Benutzeroberfläche (3) ■ Entwurf des Datenmodells (3) ■ Qualitätsplan mit den Testszenarien (3) ■ Zusammenfassung als Pflichtenheft (6) ■ Zwischenverteidigung vor Auftraggeber (3)	24	
3. Realisierung und Abschluss	■ Applet (5) ■ Servlet (8) ■ Deployment (4) ■ Datenbankanbindung (4) ■ WebService serverseitig (7) ■ WebService clientseitig (8) (Diese Bewertung gilt für die Fachinformatiker Anwendungsentwicklung. Für die anderen Berufe sind die Kriterien entsprechend anzupassen.)	36	
4. Teamarbeit und Soft Skills	■ Arbeitsteilung im Team, Mitarbeit (6) ■ Zuverlässigkeit in der Arbeit (6) ■ Kommunikationsfähigkeit und Kommunikationsbereitschaft (6) ■ Mitarbeit an der Präsentation (6) (Diese Bewertung ist im Team vorzunehmen und auch im Team zu diskutieren.)	24	
	erreichbare Gesamtpunktzahl	**100**	

Anhang 2: Hinweise zum Prüfungsteil „Präsentation“

1 Präsentation vorbereiten

Statt einer Aufgabe finden Sie hier Hinweise zur Gestaltung einer guten Präsentation für Ihre Abschlussprüfung vor der IHK.

1. Reden Sie nur über Dinge, die Sie auch verstehen.

Das Wichtigste für einen Vortrag ist die Beherrschung des Themas. Sollten Sie einzelne Bereiche Ihres Themas nicht ganz verstanden haben, so versuchen Sie diese Bereiche in der Präsentation zu umgehen. Wer das Thema nicht verstanden hat, hält automatisch einen schlechten Vortrag. Doch Sie haben Ihr Projekt ja selbst erstellt, also kennen Sie sich damit aus.

2. Aufrecht, laut und direkt.

Die Wirkung Ihres Vortrages hängt stark von Körperhaltung und Stimme ab. Nuschelnde Redner kann man nicht nur schwer verstehen, sie wirken unsicher und erscheinen damit nicht kompetent. Präsentieren Sie nie im Sitzen, dadurch verliert der Vortrag an Dynamik. Schauen Sie nicht auf die Leinwand, nutzen Sie den Bildschirm vor sich zum Ablesen. Zurückblicken, sich vom Publikum abwenden, wirkt unsicher. Sie wollen aber überzeugen. Suchen Sie den Blickkontakt zum Publikum.

3. Üben, üben, nochmals üben.

Vor Aufregung und Lampenfieber ist niemand gefeit, dagegen hilft jedoch eine gute Vorbereitung. Wenn Sie Ihr Thema wie im Schlaf beherrschen, fällt es Ihnen leichter, sich auf Sprache und Körperhaltung zu konzentrieren. Üben Sie dazu ihren Vortrag laut und vor einem Spiegel, auch wenn es schwer fällt. So bekommen Sie auch ein Gefühl für die notwendige Zeit. Wichtig beim Üben ist aber auch das richtige Maß. Mancher lernt alles auswendig und trägt es dann schnell, ohne Emotionen und ohne Struktur vor („leiert seinen Vortrag runter“).

4. Keep It Short and Simple.

Ihre Zuhörer müssen die Präsentationen lesen und verstehen können. Überladen Sie die Folien nicht. Wenig Text, sprechende Überschriften und eine klare Gliederung sind wichtig. Als Faustregeln kann man sich merken: Bei Aufzählungen u. ä. nicht mehr als **sieben Stichpunkte pro Folie** platzieren. Setzen Sie nichts auf die Folie, auf das Sie später im Vortrag nicht eingehen, dann lieber weglassen. Würzen Sie zudem Ihren Vortrag mit Bildern und Beispielen. Diese können auch komplexe Zusammenhänge verständlich darstellen. Ein Bild sagt mehr als tausend Worte.

5. Graue Schrift auf grauem Grund.

Man kann Folien so gestalten, dass für jeden erkennbar ist, was sie darstellen wollen. Achten Sie auf eine klare und kontrastreiche Darstellung mit großer Schrift und serifenlose Schriftarten. Bei der Gestaltung gilt:„Wenig ist mehr.“ Bedenken Sie auch unterschiedliche Beamer und Beleuchtungssituationen. Was auf dem Bildschirm orange aussieht, kann vom Beamer gelb dargestellt werden. Schwache Kontraste werden in dunklen Räumen noch erkannt, gehen aber im Sonnenlicht verloren.

6. Ab 24 Folien pro Sekunde wird es ein Film.

Folien sind nicht zum Mitlesen gedacht. Sie sollen den Vortrag ergänzen, nicht verdoppeln. Im besten Fall befinden sich auf den Folien nur ergänzende Informationen (Grafiken, Bilder, Tabellen, Beispiele, Demos, usw.), die der Vortragende einsetzt, um die Inhalte besser „rüberzubringen“. Im schlimmsten Fall stehen auf den Folien halbe oder gar ganze Sätze. Als Faustregel kann gelten: 1 bis 2 Minuten pro Folie. Daraus folgt: Maximal 10 Folien bei 15 Minuten Vortragszeit verwenden.

7. Keine Angst vor Pausen.

Ihr Publikum sieht Ihren Vortrag zum ersten Mal und hat meistens auch keine direkte Ahnung von Ihrem Thema. Deswegen lassen Sie ihm ein wenig Zeit, alle Informationen, die Sie verbreiten, auch aufzunehmen.

8. Vorbereitung ist alles.

Testen Sie Ihre technische Ausstattung vor der Präsentation. Sie wollen in der IHK-Prüfung die Bestätigung bekommen, dass Sie ein fachlich kompetenter Informatiker sind. Da sollte man sich mit Kabeln, Bildschirmen, Bildschirmauflösung, Laptop, Beamer usw. auskennen.

9. Inhalt geht vor Schönheit.

Trotz Gestaltung und anderen formalen Dingen steht doch der Inhalt im Mittelpunkt Ihrer Präsentation. Vielen Präsentationen merkt man an, dass hier großer Aufwand bezüglich der Gestaltung getrieben wurde. Das fällt besonders auf, wenn zum Ende der Präsentation offensichtlich Zeit und Kraft erschöpft sind und die Inhalte plötzlich abbrechen. Erstellen Sie zuerst den Inhalt, die Gliederung und die Aussagen, dann kann es an die „Schönheit“ gehen.

10. Werkzeuge

Das am häufigsten verwendete Werkzeug zur Erstellung einer Präsentation ist wohl Microsoft PowerPoint. Es gibt aber auch andere Möglichkeiten, wie die Präsentation von HTML-Dateien mit dem Webbrowser oder eine Diashow. Zur Strukturierung eignen sich Mindmaps. Selbst in Textdokumenten kann man blättern und so seine Inhalte illustrieren. Günstig ist auch immer die Konvertierung in unveränderliche PDF-Dateien. Nutzen Sie nur Werkzeuge, mit denen Sie auch sicher arbeiten können. Denken Sie auch an **Handzettel für Ihre Zuhörer,** das macht sich immer gut.

2 Präsentation bewerten

Bewerten Sie das folgende Bild aus einer Präsentation stellvertretend für die gesamte Präsentation nach dem aufgeführten Bewertungsschema:

Bewertungsschema:

	Wichtung	Bewertung				Punkte
		sehr gut	gut	schwach	nichts	
Inhalt: 70 Prozent		3	2	1	0	
Hinweis: Die Bewertungskriterien inhaltlicher Art sowie deren Wichtung werden hier nicht dargestellt und stehen auch nicht zur Diskussion.						
Summe:	**70**					
Form und Auftreten: 30 Prozent		3	2	1	0	
Gliederung	3					
Autor wird benannt	1					
Logo des Unternehmens	1					
Fußzeile mit Seitennummer	2					
Grafische Gestaltung, Schrift	3					
Farblich klar und kontrastreich	3					
Mix von Grafik und Text	3					
Folien ergänzen den Vortrag	3					
Deutlicher Vortrag	2					
Zuwendung zum Publikum	2					
Einhaltung des Zeitlimits	3					
Zusatzmaterial (z. B. Handout)	2					
Quellenangaben	2					
Summe:	**30**					

Anhang 3: Tipps für die Projektdokumentation

Statt einer Aufgabe finden Sie hier Fragen, deren Beantwortung zu einer Projektdokumentation führen kann. Damit erhalten Sie auch Hinweise zur Gestaltung einer guten Projektdokumentation für Ihre Abschlussprüfung vor der IHK.

Fragen für die Erstellung der IHK-Projektdokumentation *(nach E. Patsch)*

1 Problembeschreibung

(1) In welchem Unternehmen führen Sie Ihr Praktikum durch?
(2) Wo (territorial) ist das Unternehmen ansässig und seit wann agiert es am Markt?
(3) Womit beschäftigt sich das Unternehmen (Unternehmenszweck)?
(4) Kennen Sie die Unternehmensstruktur, gibt es ein Organigramm?
(5) Wer sind die Kunden des Unternehmens?
(6) Welche Rolle nehmen Sie im Rahmen Ihres Praktikums innerhalb des Unternehmens ein?
(7) Welche Aufgaben müssen Sie in diesem Zusammenhang lösen?
(8) Wer ist der Auftraggeber für Ihre Projektaufgabe?
(9) Falls es ein externer Auftraggeber ist: Was ist sein Unternehmenszweck?

1.1 Problemanalyse

(1) Welches Problem besteht beim Auftraggeber?
(2) Wo liegen die Ursachen für das Problem? Seit wann besteht es?
(3) Hat es bereits Lösungsversuche gegeben? Wenn ja, woran sind sie gescheitert?

1.2 Erste Auftraggeberwünsche

(1) Welche Wünsche hat der Auftraggeber hinsichtlich der Lösung des Problems bereits geäußert?
(2) Welcher voraussichtliche Nutzen wird durch die Lösung des Problems/des Auftrags beim Auftraggeber eintreten?

2 Analyse und Entwurf

2.1 Analyse

(1) Welche Hardware wird in den betroffenen Bereichen eingesetzt?
(2) Welche Software läuft zurzeit auf dieser Hardware?
(3) Welche Arbeitsprozesse könnten EDV-unterstützt ablaufen, werden aber noch manuell realisiert?
(4) An welchen Stellen des Prozesses wechseln die Organisationseinheiten?
(5) Wann und wie oft werden Informationsträger hinsichtlich der Medienart gewechselt (von analog zu digital und umgekehrt)?
(6) Sind alle von Ihnen erkannten Tätigkeiten notwendig? Sind diese Tätigkeiten effizient?
(7) Könnten diese Tätigkeiten qualitativ verbessert werden, wenn ja – wie?
(8) Könnten Tätigkeiten zusammengefasst werden?
(9) Durch welche (möglicherweise **alternativen) Maßnahmen** kann das Problem gelöst werden? **Bewerten** Sie den vorgefundenen Istzustand und seine (möglichen) Schwachstellen. **Stellen Sie die möglichen Alternativen auf den Prüfstand.**
(10) Welche Alternative erscheint unter Beachtung von Sach-, Termin- und Kostenziel als sinnvoll?
(11) Welchen Vorschlag unterbreiten Sie Ihrem Auftraggeber? Begründen Sie ihn.
(12) Ist das Projekt auch unter Beachtung von Zeit, Kosten und Risiken als machbar einzustufen?

2.2 Entwurf

(1) Was ist das Ziel Ihrer Projektaufgabe? Beschreiben Sie es in maximal drei Sätzen.

(2) Welche Anforderungen stellt der Auftraggeber an das zu erreichende Ergebnis? Formulieren Sie **exakte** und **kontrollierbare** Anforderungen. **Begründen** Sie wichtige Anforderungen aus der Sicht des Auftraggebers bzw. aus technischer Sicht: Anforderungen an die Hardware lassen sich in der Regel aus Softwareanforderungen, Datenmengen oder geforderten Verarbeitungsleistungen ableiten.

(3) Fassen Sie das bis jetzt vorliegende Ergebnis als **Sollkonzept** zusammen. Sofern es umfangreicher ausfällt, können Sie es als eigenständiges Lastenheft als Anlage zu Ihrem Projektbericht beilegen.

(4) Orientieren Sie sich bei einem **Lastenheft** an folgender Gliederung:
- Ausgangssituation und Zielbestimmung (zwei bis drei Sätze)
- Produkteinsatz (Wo und durch wen wird es benutzt?)
- Produktfunktionen (Welche Geschäftsprozesse sollen damit unterstützt werden?)
- Produktdaten (langfristig aus Benutzersicht zu speichernde Daten)
- Schnittstellen und Abgrenzung zu anderen Systemen
- Produktleistungen (Reaktionszeiten, Übertragungsraten usw.)
- Qualitätsanforderungen

2.3 Planung

(1) Welche Planungsvorgaben wurden Ihnen mitgeteilt? Was genau soll bis zu welchem Zeitpunkt realisiert sein?

(2) Ist die gestellte Aufgabe/das zu bearbeitende Problem in der geforderten Zeit lösbar/realisierbar?

(3) Welche Kosten sind mit der Auftragsrealisierung bzw. Problemlösung voraussichtlich verbunden?

(4) Welche Aufgaben müssen Sie lösen, um von dem gerade bestimmten Ausgangspunkt (Problem) zu seiner Lösung zu gelangen?

(5) Sammeln Sie alle notwendigen Arbeitsschritte (Arbeitspakete). Ordnen Sie die einzelnen Arbeitsschritte entsprechend ihres Inhaltes zu größeren Gruppen und geben Sie diesen Gruppen von Aktivitäten gemeinsame Namen. So entsteht Ihr Projektstrukturplan.

(6) Wann müssen Sie welchen Arbeitsschritt durchführen (Terminplan)?

(7) Bis wann muss das Ergebnis vorliegen, damit nachfolgende Aktivitäten nicht ins Stocken geraten (Ablaufplan)?

(8) Woran erkennen Sie, ob eine Aktivität vollständig abgeschlossen ist? Die Kontrollen der Ergebnisse wichtiger Aktivitäten könnten Ihre Meilensteine sein.

(9) Welche Kosten entstehen durch Ihr Projekt? (In einem Projekt entstehen immer Kosten – auch wenn Sie als Praktikant(in) kein Gehalt beziehen.)
- Gemeinkosten, die Sie anteilig mit verursachen (Raummiete, Energiekosten, Abschreibungskosten Ihres genutzten Equipments usw.)
- Verbrauchsmaterial, Telefonkosten, Internetrecherche, Fachliteratur, Fahrtkosten zum Auftraggeber

3 Realisierung

Nachdem Sie beschrieben haben, wie Sie Ihr Projekt realisieren wollen, geht es jetzt an seine eigentliche Durchführung.

3.1 Qualitätssicherung

Durch welche Maßnahmen wollen Sie für eine hohe Qualität Ihrer Projektdurchführung sorgen? Sie gewährleisten konstruktiv ein hohes Maß an Qualität (konstruktive Qualitätssicherung) mit folgenden Maßnahmen:

- projektorientiert arbeiten
- bewährte Analysemethoden anwenden
- Modellierungshilfsmittel einsetzen (EPK, Datenflussdiagramme, Entity-Relationship-Diagramme, Entscheidungstabellen usw.)
- qualitätssichernde Werkzeuge einsetzen (z. B. Pflichtenheft-Generatoren oder Pflichtenheft-Schablonen, Templates für die Formulierung von Anforderungen, Programmierumgebungen mit Syntaxprüfung, Projektmanagementsoftware für die gesamte Zeit- und Ablaufplanung)
- an bestehenden Rechtsnormen, Standards und Richtlinien orientieren
- eigene Checklisten erstellen, um nichts zu vergessen
- den Verlauf des Projekts protokollarisch festhalten
- sich regelmäßig mit dem Auftraggeber über den erreichten Stand abstimmen und so sicher stellen, den Anforderungen Rechnung zu tragen

Sie sorgen (vorausschauend) dafür, dass möglichst keine Fehler entstehen. Sie erkennen mögliche Risiken, die eintreten könnten und bereiten sich auf einen eventuellen Eintritt vor, indem Sie Maßnahmen für den „Eventualfall“ vorsehen.

3.2 Realisierung/Dokumentation

Bei Anwendungsentwicklungsprojekten/Datenbankentwicklungen o. ä. sollten Sie in dieser Phase das Vorgehen im Entwurf, Design und in der Implementierung ausführlich beschreiben.

(1) Welche Entwurfsmodelle haben Sie in welcher Reihenfolge entwickelt?
(2) Was haben Sie dabei alles beachtet und zu welchen Ergebnissen sind Sie gelangt?
(3) Welche modulare Struktur sehen Sie vor? Warum?
(4) Wie erfolgte der Übergang vom Modell zum Quelltext?

Prüfen Sie ggf. folgende weitere Fragen (könnte auch auf Fachinformatiker Systemintegration zutreffen):

(5) Sind durch Sie oder andere Projektbeteiligte Beschaffungsaktivitäten erforderlich? Wenn ja, wo holen Sie Informationen über zu beschaffende Hard- und/oder Software ein? An wen richten Sie Anfragen?
(6) Welche Vorgaben haben Sie bezüglich der zu beschaffenden Waren von Ihrem Auftraggeber erhalten? Was ist ihm besonders wichtig? (Service, Produktqualität, Preis, Name des Produkts oder des Herstellers)
(7) Begründen Sie die Auswahl der/des Lieferanten auf der Grundlage Ihrer Auftraggebervorgaben.
(8) Gab es Probleme bei der Lieferung? Wenn ja, wie haben Sie sie gelöst?
(9) Welches Ergebnis hatte Ihre Wareneingangskontrolle?
(10) Erfolgt eine Lieferung an den Kunden? Was musste dazu veranlasst werden?
(11) Wie erfolgt die Installation der gelieferten Komponenten beim Kunden?
(12) Sind Maßnahmen zur Datensicherung geplant und durchgeführt worden?

(13) Welche **Tests** sind erforderlich?
- Funktionstests bei Erhalt der Ware?
- Tests nach der Installation/Integration von neuen Hard-/Softwarekomponenten?
- Müssen verschiedene Testszenarien vorbereitet werden, um unterschiedliche Einsatzbedingungen überprüfen zu können?

(14) Zu welchen Zeitpunkten der Bearbeitung Ihres Projekts prüfen Sie kritisch, ob das bisher Erreichte mit dem vom Auftraggeber gewünschten Ergebnis übereinstimmt (Meilensteine)?

(15) Gibt es Abweichungen? Sind Korrekturen notwendig?

Rücksprachen und Tests dienen Ihrer analytischen Qualitätssicherung.
- Erfolgt eine Einweisung von Mitarbeitern am Arbeitsplatz?
- Erfolgt eine Schulung von Mitarbeitern?
- Wie erfolgt die Übergabe an den Auftraggeber?

4 Abschluss

(1) Welchen Inhalt und welches Ergebnis hatte die Abschlussbesprechung mit dem Auftraggeber?

(2) Erfolgte die Übergabe im Rahmen einer kundengerechten Präsentation?

(3) Welcher Nutzen ist im Ergebnis der Projektdurchführung für den Auftraggeber eingetreten oder wird voraussichtlich zukünftig eintreten?

(4) Nutzenargumente aufzählen, z. B.:
- Arbeitszufriedenheit
- Arbeitsqualität
- Transparenzerhöhung
- Erhöhung der Sicherheit

(5) Ist der Nutzen unter Umständen sogar messbar? (Zeiteinsparung und Kostenreduzierung)

(6) Wie bewerten Sie Ihre eigene Vorgehensweise?

(7) Was würden Sie in einem ähnlich gelagerten Projekt künftig anders machen? (Was haben Sie aus eigenen Fehlern gelernt?)

Anhang 4: Hinweise zur Arbeit mit MC-Aufgaben unter Moodle

1 Moodle als Lernmanagementsystem

Moodle ist eine weit verbreitete, webbasierte Software für Lehrer und Schüler zum Austausch von Dokumenten, Aufgaben und zur Durchführung automatisierter Klausuren (E-Klausuren). Moodle ist somit ein Lernmanagementsystem.

Lernmanagementsysteme sind spezialisierte Content-Management-Systeme (CMS) für die Erstellung und die Administration webbasierter Lernszenarien. Content-Management-Systeme unterstützen die Erstellung von Webseiten mit einfach zu änderndem Inhalt durch eine Vielzahl von Gestaltungsmöglichkeiten, hier zugeschnitten auf die Organisation von Lehrveranstaltungen.

Eine Vielzahl von Plug-Ins steht bereit, alle entwickelt für spezielle Lehr- oder Lernsituationen. Beim Aufbau eines Moodle-Systems in einer Einrichtung kann man die gewünschten Plug-Ins auswählen, aber auch auf viele potenzielle Features verzichten.

Moodle ist denkbar vielseitig einsetzbar. Bildungseinrichtungen und Unternehmen können eigene Moodle-Systeme betreiben. Sie stellen dort gezielt Lernangebote zur Verfügung. Mit Moodle werden-Kurse in Grundschulen, Lernfelder an Berufsschulen oder auch Präsenzlehrveranstaltungen in universitären Bereichen begleitet. Auch reine kommerzielle Online-Kurse können so durchgeführt werden.

Für Forschungs- und Entwicklergruppen kann Moodle als Workgroup-System eingesetzt werden. Auch in Unternehmen findet Moodle Anwendung bei internen Trainingsmaßnahmen, bei der Vorbereitung von Präsenzseminaren, bei E-Learning-Einheiten für Projektgruppen usw. So unterstützt Moodle Selbstlernkurse und kollaborative Kurse mit einem hohen Anteil an Interaktion sowie Kurse mit Teilnehmerfeedback.

Im Kontext dieses Arbeitsheftes stellt sich die Frage:

Wie kann man die Multiple-Choice-Fragen (MC-Fragen) aus diesem Arbeitsheft nach Moodle importieren und für den Lernbetrieb nutzen?

2 Import von Multiple-Choice-Fragen

Unter Verwendung der in den Aufgaben des Arbeitsheftes dargestellten MC-Fragen lassen sich mit Moodle relativ einfach Tests bzw. E-Klausuren erstellen. Dazu müssen die Fragen in einer Textdatei zusammengestellt und in das sogenannte Aiken-Format übertragen werden. Diese Textdatei kann anschließend in die Fragensammlung von Moodle importiert werden.

2.1 Aiken-Format

Im Aiken-Format verbleiben die MC-Fragen in einer klaren, durch den Menschen lesbaren Form ohne zusätzliche Steuerzeichen. Man kann die Fragen in einem komfortablen Textverarbeitungsprogramm erstellen, formal auf Fehler in Rechtschreibung und Grammatik prüfen lassen und dann zur Entfernung aller Steuerzeichen des Textverarbeitungsprogramms in einen einfachen Editor kopieren. Die Datei aus dem einfachen Editor bildet den Ausgangspunkt für den Moodle-Import.

Die formalen Anforderungen bei Benutzung des Aiken-Formats sind einfach umzusetzen:

- Der Text jeder Frage darf nur aus einem Absatz bestehen. Im Editor steht die Frage somit auf einer Zeile ohne Zeilenumbruch.
- Der Text jeder einzelnen Antwort darf ebenfalls nur aus einem Absatz bestehen.
- Die möglichen Antworten sind mit den Kennungen A), B), C) usw. fortlaufend zu markieren.
- Der Hinweis auf die korrekte Antwort schließt sich direkt an die Antworten an und beginnt mit dem Schlüsselwort „ANSWER:"_ und dem entsprechenden Buchstaben der korrekten Antwort. Die Großschreibung des Schlüsselwortes und des Buchstabens sowie das Leerzeichen hinter „ANSWER:_" sind wichtig.

- Die nächste Frage schließt sich ohne Leerzeile an.
- Jede Aiken-Datei muss in UTF-8 kodiert sein.

```
(07 12 B) Welches Schlüsselwort
ist in der rechts sichtbaren
Struktur einzutragen, damit es
ein gültiges HTML-Dokument wird?
  A) HTML
  B) BODY
  C) HEAD
  D) TITLE
ANSWER: B
```

MC-Frage im Aiken-Format

Der Fragetext und die Antworten sind damit als normaler Text lesbar. Nur der Hinweis auf die richtige Antwort verlangt nach einem Schlüsselwort. Die UTF-8-Codierung ist für den Import der Sonderzeichen aus der deutschen Sprache (Umlaute usw.) notwendig.

2.2 Moodle-Entwurfsansicht zum Bearbeiten von Multiple-Choice-Fragen

Das Aiken-Format ist leicht zu handhaben. Es hat aber auch einige Beschränkungen, die aus der einfachen Struktur erkennbar sind. Es können nur Multiple-Choice-Fragen mit einer einzigen richtigen Antwort definiert werden. Jede Frage wird automatisch mit einem Punkt bewertet. Außerdem können keine Abbildungen eingefügt werden. Hierfür eignet sich die Moodle-Entwurfsansicht.

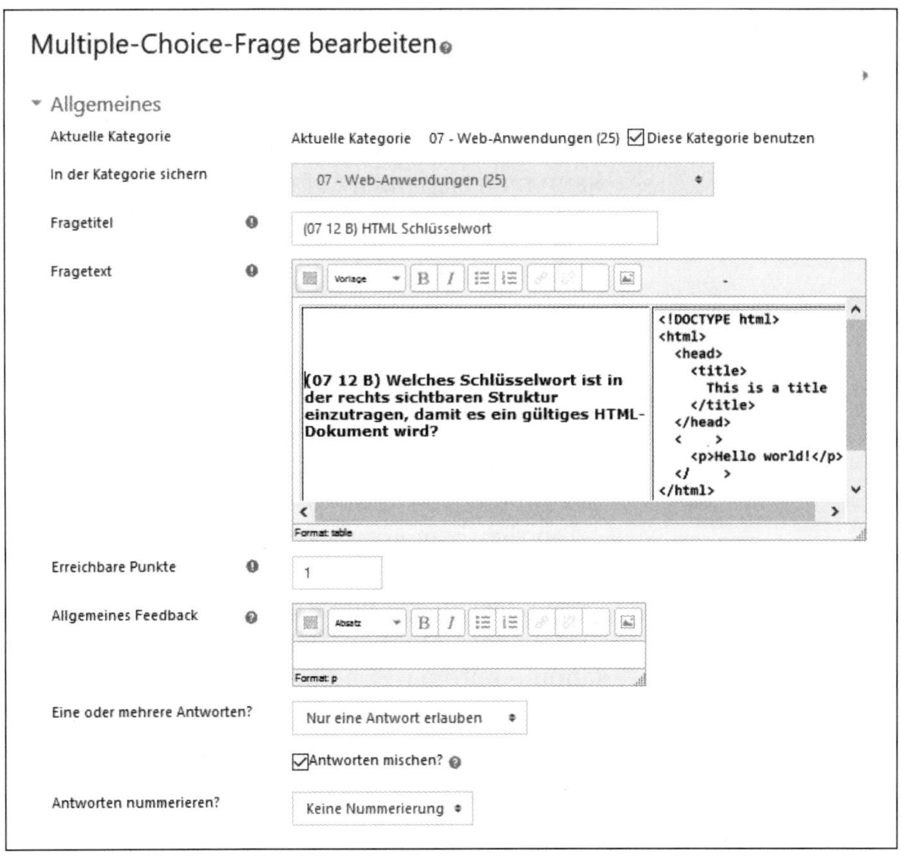

Moodle-Entwurfsansicht für eine MC-Frage (© GNU License)

In der Moodle-Entwurfsansicht stehen nach dem Aiken-Import bereits der Fragetext und die Antworten. Wenn notwendig, können hier die weiteren Angaben zur Beschreibung der Frage vorgenommen werden.

Zu jeder Frage sind im Bereich „Allgemeines" die dargestellten Angaben erforderlich. Jede Frage wird bei der Speicherung einer **Kategorie** zugeordnet. Die bewusste Arbeit mit Kategorien ist für die Systematisierung großer Fragensammlungen unerlässlich. Im vorliegenden Fall lassen sich die Fragen z. B. nach den Kapiteln des Lehrbuches ordnen.

Für die internen Listen in Moodle ist ein aussagekräftiger **Fragetitel** wichtig, den die Lernenden aber nicht sehen. Erfahrungsgemäß ist es sinnvoll, die Fragen auch durch eine selbst gewählte **Nummerierung** eindeutig zu kennzeichnen. Bei der Erfassung der Fragen muss man darauf achten, im Fragetext und Fragetitel dieselbe Nummer zu verwenden.

Der **Fragetext** wird in dem vorinstallierten Editor dargestellt. Wie das Beispiel zeigt, sind hier auch Tabellen sowie das Einbinden von Bildern möglich.

Für jede Frage kann die maximal erreichbare **Anzahl von Punkten** festgelegt werden. Im Aiken-Format kann jeweils nur ein Punkt vergeben werden. Bei jeder Antwort wird dann der prozentual erreichbare Anteil (0 %, 50 % oder 100 %) an diesen Punkten bestimmt.

Zu jeder Frage und später auch zu jeder Antwort ist die Speicherung eines **Feedbacks** möglich. Das Feedback wird erst nach der Auswertung bei der Anzeige der Ergebnisse eingeblendet. Das Feedback zur Frage kann eine allgemeine Erklärung enthalten.

Sehr wichtig ist die Festlegung, ob eine oder mehrere Antworten bei einer Multiple-Choice-Frage als richtig erwartet werden. Bei mehreren richtigen Antworten werden dann anstelle der runden Radiobuttons die kleinen quadratischen Auswahlflächen (Checkbox) zum Abhaken eingeblendet. Bei den Antworten muss die Summe der prozentual erreichbaren Anteile (0 %, 33 % oder 50 %) an der Punktebewertung immer den Wert 100 Prozent ergeben.

Schließlich kann man noch vereinbaren, dass die Antworten bei jeder neuen Darstellung der Fragen gemischt werden. Das erschwert das Abschreiben, falls der Nachbar im Klassenraum zufällig dieselbe Frage bearbeitet, denn dann stimmen die Zeilen mit der korrekten Antwort nicht notwendigerweise überein. Darauf sollten dann aber auch die Schüler hingewiesen werden.

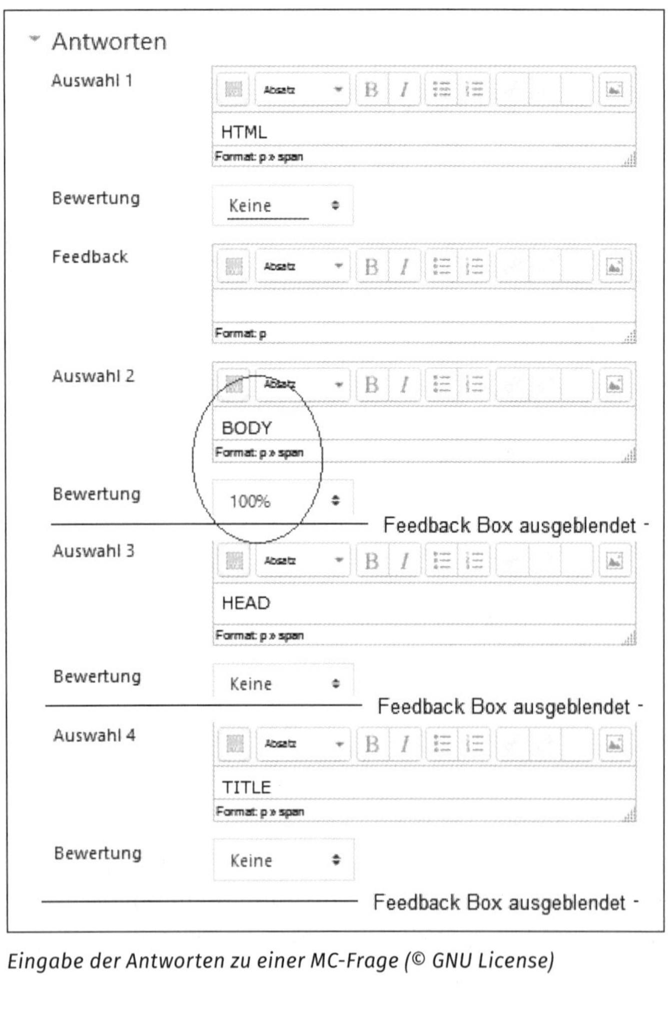

Eingabe der Antworten zu einer MC-Frage (© GNU License)

Die Nummerierung der Antworten in der Anzeige erscheint nur sinnvoll, wenn man mehr als vier mögliche Antwortzeilen hat. Bis dahin kann man sich noch auf die erste oder dritte Zeile beziehen, ohne nachzählen zu müssen.

Zu jeder **Antwort** gibt es drei Felder, den eigentlichen Antworttext, die Bewertung und ein Feld für das spezifische Feedback. Für den Antworttext und das Feedback steht wieder der bekannte Editor bereit.

Bei der **Bewertung** muss sich pro Frage immer die Summe von 100 Prozent ergeben. Bei mehreren richtigen Antworten muss die Summe der prozentual erreichbaren Anteile (0 %, 33 % oder 50 %) an der Punktebewertung ebenfalls 100 Prozent ergeben. Diese Forderung wird von Moodle automatisch überwacht.

Die Eingabe der Antworten nimmt viel Platz auf dem Bildschirm ein, ist jedoch nicht kompliziert. Es darf aber das Speichern zum Schluss nicht vergessen werden.

2.3 Schüleransicht auf eine E-Klausur

Abschließend wird die Schüleransicht auf eine Aufgabe während der E-Klausur abgebildet.

Die Klausur umfasst in dieser Beispielansicht 24 Fragen und der Schüler bearbeitet aktuell die Frage 17. Rechts ist ein Navigationsfeld eingeblendet. Hier erkennt der Schüler, welche Frage(n) er bisher bearbeitet hat. Er kann Fragen markieren und wahlweise zu einzelnen Fragen springen.

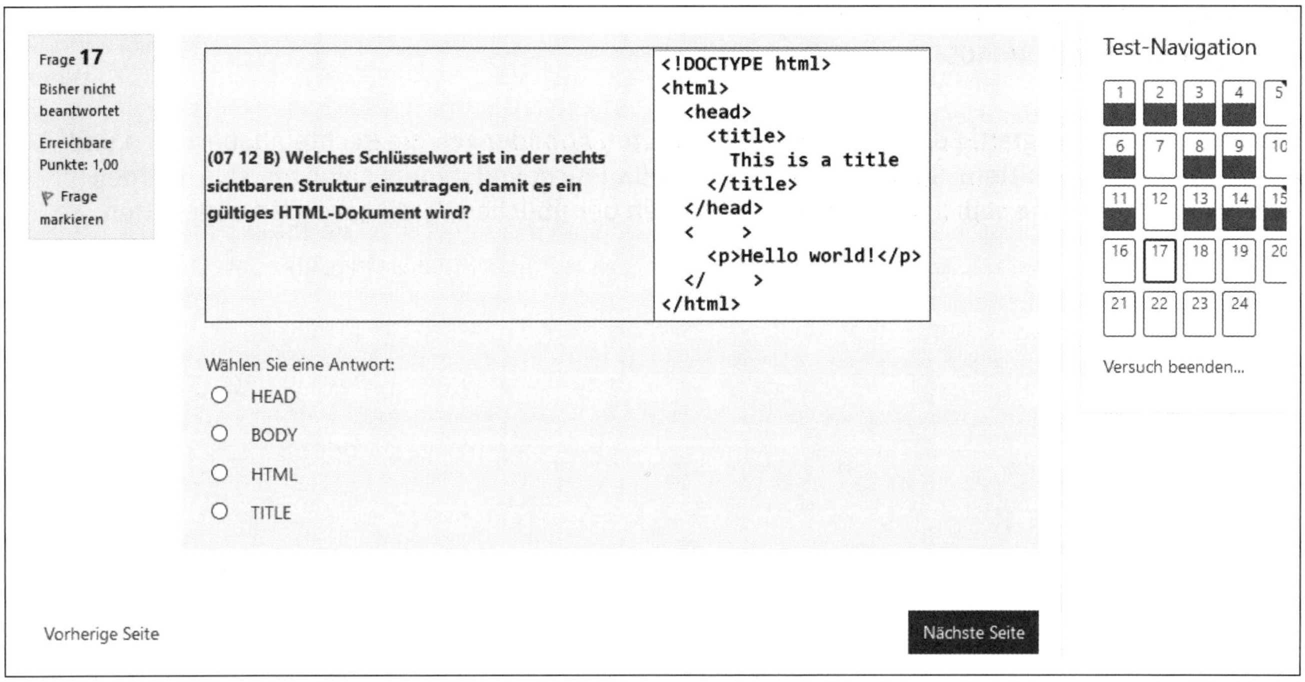

Schüleransicht auf eine MC-Frage (© GNU License)

Die Beantwortung der Frage erfolgt durch die Auswahl eines Radio-Buttons. So wird gesichert, dass nur eine Auswahl als Antwort möglich ist. Hat der Schüler alle Fragen beantwortet, kann er die Abgabe der Klausur gegenüber dem Moodle-System signalisieren und so die automatische Auswertung starten.

Als Ergebnis wird im Navigationsfeld dargestellt, welche Fragen richtig (grün), falsch (rot) oder nur teilweise richtig (gelb) beantwortet wurden. Der Schüler erhält sofort nach der Klausur seine Ergebnisse und kann sich die Fragen nochmals ansehen. So bekommt er auch ein Feedback zu seinen Fehlern.

Aus dem Ablauf ergibt sich eine echte **Win-Win-Situation für Schüler und Lehrer**. Der Lehrer spart Arbeit für die Durchsicht der Klausuren und der Schüler erhält sofort einen Überblick zu seinen Stärken und Schwächen bezüglich der Beantwortung der Fragen.

Bildquellenverzeichnis

ACI EDV-Systemhaus GmbH & Co KG, Lüneburg: 10, 105, 106, 112
Dr. Ringhand, Klaus, Berlin: 64
Getty Images (RF), München: bagotaj Titel
Informationstechnikzentrum Bund - ITZBund, Bonn: 39
Lithos, Wolfenbüttel: 14, 105

Wir arbeiten sehr sorgfältig daran, für alle verwendeten Abbildungen die Rechteinhaberinnen und Rechteinhaber zu ermitteln. Sollte uns dies im Einzelfall nicht vollständig gelungen sein, werden berechtigte Ansprüche selbstverständlich im Rahmen der üblichen Vereinbarungen abgegolten.